뮤지컬
인문학

뮤지컬 인문학

송진완 · 한정아 지음

알렙

들어가는 글
뮤지컬을 향한 100년의 열정

우리나라에서 뮤지컬이 의미 있게 소비되기 시작한 때는 20여 년 전부터였습니다. 이 분야의 비평가와 전문가들은 대체로 2001년 「오페라의 유령」 최초의 한국 라이선스 공연을 한국 뮤지컬 시장이 본격적으로 성장하는 시발점으로 보고 있습니다.

그 이전까지 우리에게 뮤지컬은 굉장히 낯선 '타인'이었습니다. '말하는 대신 노래를 부르고 춤을 춘다'는 뮤지컬 특유의 문법은 코미디 프로그램에서 우스꽝스럽게 재연되었습니다. 우리는 지금도, 뮤지컬 색채가 짙은 인도(印度) 영화를 대할 때 이러한 태도를 보이곤 합니다.

과거에는 제대로 된 무대 뮤지컬을 볼 기회가 없다시피 했기 때문에 그러한 인식이 있었을 것으로 생각됩니다. 생각해 보면 한국인

중에 「사운드 오브 뮤직」 같은 대표적인 뮤지컬 고전을 처음부터 무대 공연으로 접한 사람이 몇이나 될까요? 대부분의 한국인들은 줄리 앤드류스 주연의 영화 버전 「사운드 오브 뮤직」만을 보았을 것입니다. 한국에서 「레미제라블」의 무대 공연이 본격화된 요즘에도 휴 잭맨과 앤 해서웨이 주연의 2012년 뮤지컬 영화 「레미제라블」로 만족하는 한국인들이 훨씬 많을 것입니다.

그럼에도 우리나라에서 뮤지컬의 위상이 높아진 것은 분명합니다. 2000년대 이후 뮤지컬은 원래 자리인 무대를 되찾으면서 그 매력을 제대로 전달하기 시작했고 한국의 뮤지컬 시장은 가파르게 성장했습니다. 이제 뮤지컬의 장르적 특징을 개그로 조롱하며 공감대와 웃음을 유발하려는 시도는 적절치 않아 보입니다. 뮤지컬은 분명 보다 가까이 다가왔습니다. 외국의 최신 작품들은 라이선스 또는 투어 형태로 발 빠르게 한국을 찾고 있으며, 토종 뮤지컬 작품들을 위한 시장도 충분히 확보되어 있습니다. 한류 콘텐츠로도 뮤지컬은 비중 있게 인식되어 쇼비즈니스 자본의 타깃이 되었습니다.

서구적 전통에서 태어난 현대의 뮤지컬극은 그 본거지인 미국과 영국에서도 100년의 역사 동안 가장 영향력 있는 대중예술의 지위를 놓치지 않았습니다. 1920년대 태동기 이후 1930년대 대공황의 직격탄을 맞고 산업으로서의 기반이 붕괴되었다가 기적적으로 소생하여 1940-1960년대의 황금기를 구가했습니다. 그런가 하면, 1970년대 이후의 격변기에는 젊은 예술가들을 수혈하여 새로운 콘텐츠를 공급받는 한편, 과감한 투자와 글로벌 마케팅 패러다임으로 위기를 극복해 왔습니다. 영화, TV 등의 새로운 매체와 때로는 경쟁하고 때로는 협력하면서, 브로드웨이와 웨스트엔드는 거대 자본과 인력이 유통되는 자본주의의 랜드마크가 되었습니다. 전 세계적으로 뮤지컬의 가치와 매력은 끈질기게 살아남았고 사람들의 열광과 애정은 100년 넘게 이어져 왔습니다.

그런데 이것이 어떻게 가능했는가에 대해서는 뮤지컬의 장르적 특성이라는 관점에서 좀 더 살펴볼 필요가 있습니다. 우리는 앞으로 이 책을 통해서 왜 뮤지컬이 100년의 시간 동안 많은 사랑을 받고 있는지 파헤쳐보려 합니다. 그리고 그 탐구의 대상이 문학, 영화, 음악, 미술이 아닌 왜 하필 뮤지컬인가? 하는 '물음'도 이 책을 읽는 중요한 길잡이가 될 것입니다.

본격적인 뮤지컬 인문학으로의 여행을 떠나기 전에, 이 책의 1부 및 2부의 작품 해설 대목은 한정아, 그리고 2부는 송진완이 각각 썼음을 밝힙니다.

2023년 6월 25일

송진완

차례

들어가는 글 | 뮤지컬을 향한 100년의 열정 • 7

제1부 뮤지컬 세계로의 초대

1장 뮤지컬, 그 오묘한 세계 속으로 | • 17

새로운 세계를 만나다 | 시대와 함께 변화하는 뮤지컬

2장 뮤지컬, 인문학과 동행하다 | • 43

인간의 가치 탐구 | 뮤지컬, 인간의 삶과 공존하다 | 뮤지컬, 미술과 만나다 | 뮤지컬, 고전문학과 단짝이 되다

3장 뮤지컬의 이중적인 성격 | • 61

상업성 | 예술성 | 뮤지컬 인문학으로의 초대

제2부 뮤지컬과 함께하는 인문학 여행

1장 오페라의 두 번째 죽음, 뮤지컬의 첫 번째 삶 | • 83

언어와 음악이 벌이고 있는 투쟁과 협력

2장 록의 이름으로 써 내려간 20세기 에반게리온 | • 93

「지저스 크라이스트 슈퍼스타」와 인간의 무늬

3장 뮤지컬, 구조주의와 만나다 | • 118

「카바레」와 잘 짜여진 이야기

4장 난 네 안에 영원히 살아 | • 143

「지킬 앤 하이드」에서 『이기적 유전자』의 은유를 읽다

5장 가난한 자가 가난한 자를 돕는다 | • 164

「빌리 엘리어트」와 정의에 관하여

6장 냉전이 쏘아 올린 마지막 불꽃놀이 | • 190

「미스 사이공」과 냉전의 두 번째 죽음

7장 민중의 노래가 들리는가? | • 217

「레미제라블」과 『공산당 선언』의 시대정신

8장 변화와 혁신 | • 235

「라이온 킹」과 개념을 다루는 능력

나가는 글 | • 253

이 책에 나오는 뮤지컬 용어 몇 가지

뮤지컬의 갈래

리바이벌 뮤지컬 revival musical
기존의 뮤지컬 작품, 오페라, 영화 등을 각색하여 만든 뮤지컬 작품.

메가 뮤지컬 mega musical
스펙터클이 중시되고 서사와 음악, 무대 연출 등의 규모가 크고 웅장한 뮤지컬.

북 뮤지컬 book musical
이야기와 서사를 중심으로 극이 전개되는 뮤지컬로, 현대 뮤지컬의 전통적인 형태이다.

성스루 뮤지컬 sung-through musical
대사 없이 노래로만 극이 전개되는 뮤지컬.

주크박스 뮤지컬 jukebox musical
인기가 있었던 대중음악을 주요 소재로 서사를 구성하는 뮤지컬. 동전을 넣고 음악을 듣는 장치인 주크박스에서 따온 명칭이다.

콘셉트 뮤지컬 concept musical
이야기와 서사보다 주제와 표현 방식(상징, 은유, 비유, 서술 등)을 중심으로 극이 전개되는 뮤지컬. 관객의 참여와 역할 수행을 중요시한다는 특징이 있다.

다양한 형태의 무대 예술

레뷰 revue
춤과 노래, 시사 풍자 등의 촌극을 엮어 만든 극 형태. 19세기 초 프랑스에서 시작되어 20세기 초까지 미국과 영국에서 인기를 끌었다.

민스트럴 쇼 minstrel show
19세기 중·후반부터 20세기 초까지 미국에서 인기를 끌었던 코미디 쇼로, 주로 백인 가수가 얼굴을 검게 분장하고 흑인풍의 노래와 춤을 선보이는 형태를 띠었다.

벌레스크 burlesque
본래는 고귀하고 성실한 것을 비속한 양식으로 풀어내는 해학극·풍자극의 한 종류였다. 이후 19세기 중반부터 미국에서 등장한 외설적인 희극과 코러스걸의 쇼를 합친 형태의 공연을 가리키게 되었다.

보드빌 vaudeville
19세기 말 미국에서 유행한 공연 형식으로, 노래, 춤, 마술, 곡예, 촌극 등의 다양한 무대가 이어지는 버라이어티 쇼를 말한다.

오페레타 operetta
'작은 오페라'라는 뜻으로, 음악을 위주로 극이 진행되는 가운데 배우들의 대사, 연기, 무용이 포함된다. 규모와 길이, 주제 등의 요소가 오페라보다 가벼운 것이 특징이다.

그 외

넘버 number
뮤지컬에서 곡을 가리켜 사용하는 용어. 뮤지컬은 곡의 길이가 길고, 순차적인 음악에 따라 극이 진행되어 제목 대신 이 용어를 흔히 사용한다.

라이트모티브 Leitmotiv
특정 등장인물이나 상황을 묘사할 때 반복해 사용되는 짧은 주제 선율로, 극의 진행을 음악으로 묘사하는 기법의 하나이다.

브로드웨이 Broadway
미국 뉴욕 맨해튼에 위치한 거리로, 미국의 연극·뮤지컬계를 일컫는 대명사로 사용된다. 오프 브로드웨이 Off-Broadway는 브로드웨이 외곽 소극장 거리 또는 브로드웨이의 상업적 연극에 대한 반발로 시작된 새로운 연극 경향을 뜻한다. 오프 오프 브로드웨이 Off-Off-Broadway는 1960년대 참신함을 잃은 오프브로드웨이를 비판하며 등장한 미국의 연극 사조로, 현재까지 이어지고 있다.

카타르시스 catharsis
정화 또는 배설을 뜻하는 그리스어로, 주로 억압된 감정을 표출하여 부정적 감정을 해소하고 마음을 정화하는 일, 또는 그때 느끼는 쾌감을 가리킨다. 아리스토텔레스는 극에 감정을 이입하고 이야기에 정서적으로 참여함으로써 이러한 카타르시스를 체험할 수 있다고 보았다.

제1부
뮤지컬 세계로의 초대

1장

뮤지컬, 그 오묘한 세계 속으로

새로운 세계를 만나다

◇◇◇

초등학교 5학년 때 일입니다. 일요일 아침, 늦잠을 자다 일어나 우연히 뮤지컬 영화 한 편을 보게 되었습니다. 이후 성인이 된 지금까지 이 영화가 나의 인생에 큰 영향을 끼쳐 오고 있다는 걸 생각해 보면, 조기 교육의 중요성을 새삼 실감하게 됩니다. 음악과 영화를 좋아하는 부모님 덕에 평소에도 아빠와 외출을 할 때면 차에서 늘 올드 팝송을 들었고, 주말이면 「주말의 명화」를 빼놓지 않고 보았습니다. 다양한 팝 가수들의 노래나 영화 음악을 들으면 가사를 발음 나는 대로 받아쓸 만큼 익숙해져 있었습니다. 그만큼 제 어린 시절은 음악과 영화로 가득 차 있었습니다.

그러나 그날 우연히 만난 뮤지컬 작품은 이전 것들과 달랐습니다. 특별히 화려하거나 어마어마한 규모의 대극장에서 이 뮤지컬을 본 것은 아닙니다. 늘 보아 오던 많은 영화와 마찬가지로 평범한 일요일 아침, TV를 통해 만났지만, 첫 만남 이후로 뇌리에서 오랫동안 잊히지 않았습니다. 뮤지컬과의 인연은 이렇게 시작되었습니다.

어린 인생에 꿈을 가져다준 뮤지컬은 바로 리처드 로저스Richard Rodger가 작곡하고 오스카 해머스타인 2세Oscar Hammerstein II가 작사한 작품 「사운드 오브 뮤직The Sound of Music」입니다. 드넓게 뻗은 알프스산맥에서 아름다운 멜로디를 마음껏 부르는 주인공의 모습을 보며 열두 살의 저는 미지의 세계를 만난 듯한 신비로운 느낌을 받았습니다. 따뜻한 정서와 장면이 주는 힘, 캐릭터의 유쾌함, 동시에 머릿속을 맴도는 음악들. 이런 것들이 그 뒤로 오랫동안 이 작품을 찾은 이유인 것 같습니다. 「사운드 오브 뮤직」은 그렇게 제 인생의 노래가 되었습니다. 그 뒤로 저는 「주말의 명화」를 비롯해 TV 프로그램에서 하는 모든 뮤지컬 영화를 섭렵하기 시작했습니다. 찰스 디킨스Charles Dickens의 『올리버 트위스트Oliver Twist』를 원작으로 한 「올리버Oliver」, 작곡가 로저스와 작사가 해머스타인 2세의 「남태평양South Pacific」, 조지 버나드 쇼George Bernard Shaw의 「피그말리온Pygmalion」을 원작으로 하는 「마이 페어 레이디My Fair Lady」 등 세상에는 상상을 뛰어넘는 아

(위) 뮤지컬 영화 「사운드 오브 뮤직」 한 장면.
(출처: 위키피디아)
(아래) 뮤지컬 「사운드 오브 뮤직」 포스터.
(출처: 위키피디아)

따뜻한 정서와 장면이 주는 힘, 캐릭터의 유쾌함, 동시에 머릿속을 맴도는 음악들. 이런 것들이 그 뒤로 오랫동안 이 작품을 찾은 이유인 것 같습니다. 「사운드 오브 뮤직」은 그렇게 제 인생의 노래가 되었습니다.

름다운 작품들이 넘쳐났습니다. 저는 「사운드 오브 뮤직」과 맺은 인연을 시작으로 뮤지컬의 매력에 푹 빠져들었습니다. 그렇게 꿈꾸던 뮤지컬 배우의 삶을 시작했고, 지금은 이렇게 뮤지컬 이야기를 전하는 뮤지컬 애호가의 삶을 살아가고 있습니다.

뮤지컬 하면 딱 떠오르는 이미지가 무엇인가요? 화려한 조명이 쏟아지는 무대에서 펼쳐지는 배우들의 연기와 노래, 춤 혹은 아슬아슬하고 스펙터클한 무대의 볼거리나 매력적인 음악을 제공하는 정도의 공연 예술을 떠올릴지도 모르겠습니다. 하지만 필자의 입장에서는 뮤지컬에 대해 연상되는 이미지를 찬찬히 열거하다 보면 가짓수가 너무 방대해져서 그 한계를 규정짓기가 쉽지 않습니다.

뮤지컬은 100년이 훌쩍 넘는 역사를 지나오면서 아주 다양한 모습으로 변화하며, 지금 우리가 즐기는 뮤지컬 형식으로 자리 잡았습니다. 그리고 지금도 계속 변화하는 중입니다. 해머스타인 2세는 "뮤지컬은 원하는 무엇이든 될 수 있다"고 말했으니, 뮤지컬에 대해 정확히 무엇이라 규정짓는 것 자체가 의미 없을지도 모르겠습니다. 하지만 이렇게 다양한 모습으로 변화한 과정과 배경을 살펴보는 일은 흥미롭습니다. 파란만장한 변화의 중심에 관객이라는 중요한 요소가 있기 때문이죠. 대중들의 입맛을 채우기 위해 당시 사회적 분위기를 반영하지 않을 수 없었던 뮤지컬. 어쩌면 뮤지컬은 시대의 산증인이라 할 수 있을 것입니다.

하지만 뮤지컬 역사를 살펴보다 보면, 섣부른 판단일지 모르나 과연 대중을 의식하고 작품을 만들었을까 하는 의구심이 드는 작품이 있습니다. 뮤지컬 작곡가인 스티븐 손드하임Stephen Sondheim의 「스위니 토드Sweeney Todd」입니다. 이 작품은 피를 소재로 한 엽기적인 멜로드라마 작품으로, 우울한 빅토리아 시대를 배경으로 하죠. 또 그의 불우한 어린 시절이 작품에 많이 묻어난다는 평가를 받기도 했습니다. 그가 열 살 때 아버지는 가출했고, 이후 어머니 손에 컸지만 어머니와 사이가 그리 좋지 않았습니다. 손드하임은 어머니를 '짐승 같은 여자'라고 이야기할 정도로 증오했다고 전해지는데, 이러한 내면은 작품에 등장하는 여자 인물의 설정뿐 아니라 음악 및 작품 주제에도 큰 영향을 끼쳤습니다. 그는 또한 자신이 유대인이자 동성애자임을 알리면서 이방인임을 자처했습니다. 이렇듯 그의 작품 세계에는 해피엔딩 대신 고독과 고통에 대한 사색적이며 냉소적인 이야기와 괴상한 성격의 여성들, 소외된 이방인들이 가득합니다. 기존 뮤지컬에 익숙해 있던 관객들에게 이런 낯선 정서가 처음부터 마음에 들었을 리 없습니다. 어떤 이들은 작품을 보는 도중에 나가버리는 사람들도 있었다고 하니까요. 하지만 작품 전체를 관통한 음악과 대사, 아이디어 넘치는 무대가 기대 이상의 만족을 전하

(위) 뮤지컬 「스위니 토드」의 한 장면.
(출처: 위키피디아)
(아래) 영화 「스위니 토드」 포스터.
(출처: 워너브러더스코리아(주))

뮤지컬 작곡가인 스티븐 손드하임의 「스위니 토드」입니다. 이 작품은 피를 소재로 한 엽기적인 멜로드라마 작품으로, 우울한 빅토리아 시대를 배경으로 하죠. 또 그의 불우한 어린 시절이 작품에 많이 묻어난다는 평가를 받기도 했습니다.

며 점차 손드하임의 마니아 팬층이 생겨나기 시작했습니다. 또 항상 해피엔딩으로만 끝나는 뮤지컬에 신물이 난 관객에게는 손드하임의 작품이 더 매력적으로 다가간 경우도 있었습니다. 결과적으로 그의 개성적인 음악과 내면세계가 관객에게 전해졌고, 관객도 처음에는 낯설어 했으나 결국 그의 작품에 매료되었습니다. 어쩌면 손드하임 자신은 관객을 의식하지 않았을지 모릅니다. 하지만 결국 그의 작품마저도 자연스럽게 관객의 욕구를 대변했다는 의미로 생각해 볼 수 있습니다. 작가의 의도와 상관없이 뮤지컬이 대중에게 매력적으로 다가간 대표적인 사례입니다.

개인적인 취향의 문제겠지만, 저는 리바이벌 버전을 포함해 21세기에 새로 탄생한 뮤지컬보다는 리처드 로저스와 오스카 해머스타인 2세가 활발히 활동한 뮤지컬 황금기의 작품에 유독 애착을 갖고 있습니다. 하지만 이건 개인 취향일 뿐입니다. 뮤지컬은 시대별로 아주 오묘하게 각기 다른 매력들을 뽐내며 변화해 왔습니다. 여기서 발전이라는 말보다 변화라는 말을 사용하려고 합니다. 역사의 흐름에 따라 뮤지컬은 각 시대의 특징에 맞추어 다양한 멋과 맛을 내며 '변화'함으로써 관객들을 유혹하고 있기 때문입니다. 선택은 여러분의 몫입니다.

시대와 함께 변화하는 뮤지컬

◇◇◇

수십 년 전에 만들어진 뮤지컬을 지금 보아도 시대에 뒤떨어져 보인다거나 작품성이 떨어진다고 느껴지지 않습니다. 뮤지컬이 역사의 흐름 속에서 시대의 욕구에 맞추어 창작되어 왔기 때문입니다. 그것은 각양각색의 특징을 가진 뮤지컬이 창작될 수 있었던 이유이자, 관객들에게 오랫동안 사랑을 받을 수 있었던 이유입니다. 그런 의미에서 뮤지컬이 시대별로 어떤 특징을 담고 있는지 알아보는 것도 뮤지컬을 이해하고 즐기는 데 큰 의미가 있겠습니다. 뮤지컬이 주는 오묘한 특징을 몇 배로 깊게 맛볼 수 있는 기회가 될 테니까요.

19세기 중반부터 20세기 초까지는 미국 브로드웨이에서 뮤지컬이 태동하던 시기였습니다. 당시 미국에서 가장 주류를 이루었던 쇼 형식인 민스트럴 쇼minstrel show, 벌레스크burlesque, 레뷰revue, 보드빌vaudeville이 다양한 방식으로 영향을 끼치면서 이후 뮤지컬 형식으로 자리 잡았습니다. 모두 미국 자본주의 개념을 이어받은 예술 작품입니다. 당시 뮤지컬은 짜임새 있는 이야기 형식이 아닌, 간단한 대사, 음악, 춤 등으로 다양한 재밋거리를 제공하는 형식에 불과했습니다. 하지만, 이러한 형식은 유럽의 오페라 또는 오페레타operetta와는 차별화된 미국 고유의 음악극

1920년, 초창기 브로드웨이.(출처: picryl.com)

인 뮤지컬이 탄생한 근본적인 요소로 작용하기도 합니다.

이후 제롬 컨Jerome Kern이 작곡하고 해머스타인 2세가 작사한 인종, 부부간의 갈등을 소재로 한 「쇼보트Show Boat」를 통해 본격적인 북 뮤지컬이 시작됐고, 음악과 극이 드라마에 긴밀하게 짜인 완성도 높은 작품을 선보였습니다. 드라마가 절정에 이르러 배우의 감정이 음악으로 표현되어야 할 때 감정을 대변할 딱 맞는 노래가 흘러나오니 관객들에게는 극에 더 몰입할 기회가 주어진 셈입니다. 이를 통해 관객은 작품 속 인물과 사건에 더 쉽게 공감하고 이해하게 되었죠. 1935년 작품인 「포기와 베스Porgy and Bess」는 조지 거슈윈George Gershwin이 클래식 오케스트라를 편성한 재즈와 오페라를 접목함으로써 뮤지컬의 수준을 한층 더 올려놓았습니다. 극 중 노래, 아리오소, 레치타티보 등의 다층적인 선율이 드라마와 함께 유기적으로 흐르고, 더불어 다채로운 대화들이 극의 역동성을 함께 만들었다는 점이 그 이유 중 하나이기도 합니다.* 또 이 작품이 '뮤지컬인지 오페라인지'에 대해 작품의 형식을 구분하는 논쟁이 제기되어 왔습니다. 유럽 오페라의 영향을 받아 발전해 온 음악극의 역사를 이해한다면, 그 이유를 단번에 이해할 수도 있습니다. 엄밀히 말해, 대중적으로 히트곡이 많아서 뮤지컬이라 정의한다는 의견과 거슈윈이 부분적으로 리하르트 바그너Richard Wagner의 오페라 원리를 적용하고, 레치타티보와 아리아 사이의 경계에서 음악의 흐름을 이어가 오페라에 가까운 음악을 만들었다는 의견 때문입니다.** 하지만, 이런 논쟁의 쟁점보다 우리가 주목해야 할 점은 드라마와 수준 높은 음악이 짜임새 있게 연결됨으로써 뮤지컬의 완성도를 더욱 높였다는 것입니다.

    이어지는 1940-1960년대는 뮤지컬의 황금기입니다. 그야말로

---

* 레이먼드 냅, 백현미·최승연·이진주 옮김, 『미국 뮤지컬과 국가정체성의 형성』 (소명출판, 2020), 389쪽.

** 레이먼드 냅, 같은 책.

최대의 호황기였습니다. 「오클라호마Oklahoma」를 시작으로 「회전목마Carousel」, 「남태평양South Pacific」, 「왕과 나The King and I」, 「사운드 오브 뮤직」 등 로저스와 해머스타인 2세의 대표 작품을 필두로 화려한 뮤지컬 전성기가 열렸습니다. 이 작품들은 스토리를 중심으로 다양한 장면이 필요했습니다. 또 노래는 멜로디가 중심이 되었고 처음 들어도 귀에 쉽게 들리도록 반복구를 사용했습니다. 특히 내용적인 면에서는 긍정적인 메시지가 들어가야 했으며, 인물들은 흥미로운 성격으로 복잡하지 않아야 했고, 뮤지컬은 오락이어야 한다는 전제로 유머가 섞인 드라마를 선호했습니다. 하지만 가장 중요한 점은 이런 요소를 바탕으로 드라마 흐름에 따라 노래와 춤이 절묘하게 연결되면서 통합 뮤지컬을 완성했다는 점입니다. 이런 특징은 브로드웨이 작품을 공연 예술로 승화하는 계기를 마련했습니다.

당시 미국은 제2차 세계대전에서 일본을 패배시킨 후 소비에트연방과의 분쟁이 대두하면서 보수적인 성향의 대중문화가 성행하게 되었습니다. 관객들에게는 세상이 시끄럽고 어지러우니 대중문화를 통해 삶의 쉼터를 마련하고자 하는 욕구가 자연스럽게 생겨났습니다. 점차 뮤지컬은 대중이 쉽게 공감하며 이야기할 수 있는 보편적인 주제와 멜로디 위주의 음악적 요소가 강화된 형식으로 그 방향을 잡게 되었습니다. 그 예로 「사운드 오브 뮤직」의 〈에델바이스Edelweiss〉, 〈안녕, 안녕So long, Farewell〉이나, 〈좋

(위) 뮤지컬 「왕과 나」에서 주연으로 활약한 율 브린너.
(출처: 위키피디아)
(아래) 뮤지컬 「왕과 나」 포스터.
(출처: nypl.getarchive.net)

가장 중요한 점은 이런 요소를 바탕으로 드라마 흐름에 따라 노래와 춤이 절묘하게 연결되면서 통합 뮤지컬을 완성했다는 점입니다. 이런 특징은 브로드웨이 작품을 공연 예술로 승화시키는 계기를 마련했습니다.

은 것Something Good〉 등이 있습니다. 그중에서도 〈안녕, 안녕〉은 반복적이면서도 아름다운 멜로디와 더불어 아이들의 순수함과 나치즘으로 변한 세상을 대조하며 오스트리아의 현실을 안타까워합니다.

또 이 시대의 작품은 오페레타 형식과 함께 고전이 바탕이 된 쇼 스타일로써 폭넓은 음악적 표현과 흥미로운 스토리를 통해 작품의 다양성을 표출했습니다. 이것은 작곡가와 작사가의 개성을 자유롭게 드러내고 형식적 제한을 풀어버리는 역할로 작동합니다. 대표 작품으로는 「마이 페어 레이디」,* 콜 포터Cole Porter의 「키스 미 케이트Kiss Me, Kate」**와 「웨스트 사이드 스토리West Side Story」***가 있습니다. 그리고 데이먼 러니언Damon Runyon의 단편소설 「세라 브라운 이야기The Idyll of Miss Sarah Brown」를 원작으로 한 「아가씨와 건달들Guys and Dolls」**** 등이 많은 사랑을 받았습니다.

이렇게 뮤지컬 황금기는 완성도 있는 드라마와 멜로디가 강조된 아름다운 음악에 춤과 위트가 함께 어우러져 하나의 멋진 예술 무대가 정착되는 시기라 할 수 있습니다. 그중에서도 가장

---

* 오페레타 스타일 뮤지컬로 조지 버나드 쇼의 「피그말리온」을 각색한 작품.
** 셰익스피어의 「말괄량이 길들이기」를 원작으로 오페레타와 고전을 통합한 작품.
*** 셰익스피어의 「로미오와 줄리엣」을 현대판 뮤지컬로 각색한 작품.
**** 1920년대 뉴욕을 배경으로 도박사 스카이와 구세군 선교사 세라의 사랑을 이야기한 작품.

큰 힘은 인간의 보편적인 감성을 건드리는 드라마와 유기적으로 흐르는 클래식하면서도 대중적인 뮤지컬 음악의 힘이죠.

1960년대 후반부터 1970년대로 넘어가 볼까요. 이 시기는 뮤지컬의 격변기입니다. 미국 사회에는 범상치 않은 냉전의 기류가 감돌았습니다. 케네디 대통령이 암살당하고, 베트남전쟁을 겪으면서 정서적인 혼란기에 빠져들었습니다. 이러한 사회 현상은 문화 예술에도 영향을 끼치는데, 젊은 세대는 황금기와 달리 기존 문화에 반기를 들며 문화혁명 시기를 맞이하게 됩니다. 사회에 반기를 드는 이념들이 생겨났고, 베이비붐 세대인 젊은 청년들의 목소리가 커지면서, 뮤지컬은 진보적인 성향으로 가득 차게 되었습니다.

「헤어Hair」는 록 음악을 이용해 반항적인 성격을 드러냈으며, 무대에서 처음으로 배우가 누드로 등장하고, 마약이 사용되는 파격적인 모습을 연출했습니다. 또 무대의 경계를 없애고 주연 배우가 이야기를 이끌어가는 전형적인 뮤지컬의 형식이 아닌 배우 집단에 의해 진행되면서, 극장식 쇼가 아닌 불현듯 일어난 사건 같은 분위기를 연출했습니다.* 뮤지컬 황금기의 작품과는 전혀 다른 분위기의 작품들이 펼쳐진 것입니다. 또 영국 출신의 20대 청년 앤드루 로이드 웨버Andrew Lloyd Webber와 팀 라이스

---

* 레이먼드 랩, 앞의 책, 311쪽.

Tim Rice는 「지저스 크라이스트 슈퍼스타Jesus Christ Superstar」에서 예수의 삶을 저항의 상징인 록 오페라로 표현하는 동시에 예수와 유다를 바라보는 관점에 변화를 일으켜 종교계의 논란과 대중의 관심을 동시에 받게 되었습니다. 그 이외에도 새로운 시도들이 여기저기서 일어나기 시작합니다. 브로드웨이 침체기를 몸소 겪은 배우들의 오디션 이야기를 다룬 작곡가 마빈 햄리시Marvin Hamlisch의 새로운 형식의* 레뷰 뮤지컬 「코러스 라인A Chorus Line」, 안무가 밥 포시Bob Fosse의 형이상학적인 무대와 춤이 독보적인 「카바레Cabaret」와 「시카고Chicago」, 그리고 줄거리 흐름에 따라 극이 전개되기보다 아이디어 또는 인물 중심으로 펼쳐지는 콘셉트 뮤지컬인 스티븐 손드하임의 「컴퍼니Company」 등이 대표적입니다.

    이 시기 기성세대와 신세대의 불균형 속에서 갈피를 잡지 못하고 있던 뮤지컬에 록 음악이 뮤지컬 음악으로 가세함으로써 창작의 한계를 넓혔으며, 연출가들이 새로운 시도로써 기존의 것과는 차별화된 무대를 제공했습니다. '새벽은 밤에서부터 온다'고 하지 않던가요. 뮤지컬 역시 이 격동의 시기에 다른 모습으로 변신하기 위한 전초전을 준비하고 있었습니다. 우리는 가

---

* 특정 주제를 가진 버라이어티 쇼. 춤과 노래, 시사 풍자 등을 엮어 구성한 가벼운 극 형식.

끔 고달픈 시기에 우리 안에 숨겨진 재능을 더 확연하게 발견할 기회를 만나게 됩니다. 뮤지컬 역시 격변의 시기를 거치면서 새로운 모습을 도모하는 동시에 관객의 요구에 응답하며 변화해 왔습니다. 이런 과정을 지켜보는 것만큼 흐뭇한 일도 없을 것입니다.

1980년대부터는 뮤지컬 산업화 시대가 열리며 영국 뮤지컬의 습격이 시작됩니다. 「캣츠Cats」, 「오페라의 유령The Phantom of the Opera」, 「레미제라블Les Miserables」, 「미스 사이공Miss Saigon」 등이 대표적입니다. 이와 함께 상업성이 짙은 뮤지컬 작품들을 탄생시킨 주역들을 거론하지 않을 수 없는데, 프로듀서 캐머런 매킨토시Cameron Mackintosh, 클로드미셸 쇤베르그Claude-Michel Schönberg와 알랭 부브릴Alain Boublil 콤비, 앤드루 로이드 웨버와 팀 라이스 콤비가 그 주역들입니다. 이전까지 영국은 셰익스피어의 명성에 걸맞게 연극이 주류를 이루고 있었고 뮤지컬은 1960년대 찰스 디킨스의 「올리버 트위스트」를 원작으로 한 「올리버」와 「달과 6펜스The Moon and Sixpence」 등 몇 안 되는 작품만이 흥행에 성공한 상태였습니다. 하지만 1980년대 영국 뮤지컬은 글로벌 마케팅을 통해 쇼 비지니스를 확장하며, 깊이 있는 음악과 관념적인 주제, 화려한 무대를 무기로 한발 앞장서 갔습니다. 그렇다고 그동안 뮤지컬의 주인을 맡고 있던 미국이 이 상황을 지켜만 보고 있었던 것은 아닙니다. 특히 창의적이고 예술성이 높은 작곡가 손드하임이 미

(왼쪽) 뮤지컬 「시카고」 포스터.(출처: flickr.com)
(오른쪽) 영화 「시카고」 포스터.(출처: 씨네그루(주)키다리이엔티)

우리는 가끔 고달픈 시기에 우리 안에 숨겨진 재능을 더 확연하게 발견할 수 있는 기회를 만나게 됩니다. 뮤지컬 역시 격변의 시기를 거치면서 새로운 모습을 도모하는 동시에 관객의 요구에 응답하며 변화해 왔습니다.

국 뮤지컬의 자존심을 지키고 있었는데요. 그는 1950년대 해머스타인 2세의 추천으로 「웨스트 사이드 스토리」에서 작사를 시작했고, 1960년대 「누구나 휘파람을 불 수 있지Anyone Can Whistle」, 1970년대 「컴퍼니」와 「스위니 토드」를 거쳐 1980년대 「조지와 함께한 일요일 공원에서Sunday in the Park with George」, 「숲속으로Into the Woods」등에 이어 1990년대 「암살자들Assassins」로 미국 뮤지컬의 지평을 확장했습니다. 그의 모험적인 작품들은 콘셉트 뮤지컬이라는 뮤지컬 장르를 확립해 나갔고 모호하면서도 냉소적인 음악은 세련됨으로 확장되어 미국 뮤지컬의 미래를 밝혀 주었습니다.

이 시대는 그야말로 상업성과 예술성이 대칭적으로 공존하는 시기입니다. 작가 마크 스타인Mark Steyn*은 "손드하임을 예술가로 만들어 준 것은 영국의 연극계이지만, 로이드 웨버를 벼락부자로 만들어 준 것은 미국의 대중이었다"라고 언급했는데요, 이는 미국과 영국 사이에서 상업성과 예술이라는 대칭이 오묘하게 교류하는 현상을 의미합니다. 대박을 터트린 영국 작품들이 비록 미국 비평가들에게 작품성에 대하여 참담하게 묵살당하기도 했지만, 실제 그 파급 효과는 어마어마했습니다. 그리고 영국의

---

* Mark Steyn, *Broadway Babies Say Goodnight: Musicals Then and Now*, London: Faber and Faber, 2000, p. 135.

프로듀서 매킨토시는 뮤지컬을 상품화하는 데 있어서 누구보다 뛰어난 전략을 사용했습니다. 공연이 올라가기 전부터 음반 판매량이 최고에 달해 공연을 볼 때쯤이면 관객들은 유행가를 따라 부르는 것처럼 노래를 흥얼거릴 정도였고, 객석의 수를 제한하는 마케팅 방식도 성공적이었습니다. 애석하게도 그동안 상업 뮤지컬을 꾸준히 올려온 미국마저도 상업 전략에 있어서만큼은 영국에게 한 수 배워야 할 상황이었습니다. 대신 미국 뮤지컬은 1960-1970년대 혼돈의 시기를 다른 방식으로 극복하는데, 그것은 진지하고 창의적인 예술 뮤지컬을 탄생시키는 것입니다. 이것은 이 책에서도 여러 차례 소개되고 있는 손드하임의 작품들이 대표적입니다. 그의 작품은 브로드웨이 토니 상에 열한 편 모두 후보에 올랐고, 그중에서 일곱 번은 작곡상을 수상했으며, 그래미 상을 여덟 번이나 받고, 아카데미상, 퓰리처 상까지 받았으니 '천재 뮤지컬 작곡가'라는 호칭 외에는 딱히 그를 부를 수 있는 방법이 생각나지 않습니다. 그는 특히 인물의 생각을 표현하는 방식에 있어서 특별함을 보였는데요. 섬뜩한 순간에도 내면의 감정을 숨기고 그 상황을 아이러니하게 즐기는 모습, 이별 앞에서 자신의 아픈 마음을 숨긴 채 태연하게 연인을 놓아주는 노래 등 다양하게 내면을 표현하는 깊이에 절로 감탄이 나옵니다.

한 가지 더, 이 시대의 작품을 자세히 살펴보면 영국과 미국의 뮤지컬은 각 나라의 전통 방식을 고수하면서 현대적 감각을 되살리는 방식을 적용한다는 공통점을 발견할 수 있습니다. 이 점이 지금까지도 1980년대 작품이 많은 사랑을 받을 수 있는 핵심적인 이유 아닐까요? 관객과 소통하기 위해서는 개인의 삶의 경험을 통해 기억되는 공유라는 감정에서부터 출발합니다. 즉 이야기의 중심에 시대를 초월하는 보편성이 깔려 있고 그 위에 현대적인 삶의 요소가 드러난다는 의미입니다.

예를 들면 문학 작품을 토대로 전통 방식에 현대적인 감각을 맞춘 T. S. 엘리엇Thomas Stearns Eliot의 우화 시집 『지혜로운 고양이가 되기 위한 지침서Old Possum's Book of Practical Cats』를 원작으로 하는 「캣츠」를 봅시다. 스물여덟 마리 고양이들은 인간들에게 각양각색의 이야기를 들려줍니다. 지혜로운 할아버지 고양이, 터프한 나쁜 남자 고양이, 신사 고양이, 도둑 고양이, 늙은 고양이 등 그들의 이야기는 다양합니다. 모두 각자의 사연을 가지고 있으며 살아가는 방식도 다릅니다. 이러한 고양이의 모습들이 우리의 모습으로 투영되면 관객들은 그들의 이야기에 점점 빠져들게 됩니다. 이런 보편적인 스토리와 함께 우리가 일상 생활에서 사용하는 물건을 쓰레기 더미처럼 쌓아놓고 상품 브랜드까지 그려 넣어 현실감을 더한 무대에서 현란하게 노래하고 춤추는 고양이들의 모습은 우리에게 일상에서 느낄 수 있는 친근함과 동시에 황홀감을 느끼게 하는 데 부족함이 없습니다.

그 외에도 프랑스 대문호 빅토르 위고Victor Hugo의 원작을 전통적인 오페라 형식에 대중적인 팝 멜로디를 입혀 장중하면서도 현대적인 감각으로 살린 「레미제라블」, 푸치니의 오페라 「나비 부인Madama Butterfly」 원작을 현대화한 「미스 사이공」, 프랑스 작가 가스통 르루Gaston Leroux의 작품에 현대적인 음악과 전통적인 클래식 음악이 어우러진 「오페라의 유령」이 유명합니다. 이와 함께 손드하임은 해머스타인 2세의 유일한 제자로서 스승에게 배운 통합 뮤지컬 방식을 근간으로 아서 로렌츠Arthur Laurents로부터 드라마틱한 다양한 극작법들을 배워 자신만의 방식으로 확장시켰습니다. 또 작품에 그리스 시대의 소극 양식, 「지그필드 폴리스Ziegfeld Follies」 레뷰, 일본의 전통 연극 가부키 등을 접목하면서 내재된 전통과 혁신의 조합으로 그 어느 시대의 뮤지컬보다 찬란하게 빛을 내었습니다.

하지만 일각에서는 영국 메가 뮤지컬의 명성에 부정적인 반응도 상당합니다. 너무 볼거리 위주의 공연이 아니냐는 비판과 상업적인 성향이 짙다는 비평은 뮤지컬 관련 자료를 조금만 살펴봐도 쉽게 접할 수 있습니다. 하지만 그보다 중요한 것은 관객이 뮤지컬을 감상하는 데 있어서 어떤 뮤지컬 작품을 처음 만났는지에 대한 문제입니다. 처음 만난 뮤지컬에 따라서 뮤지컬을 꾸준히 곁에 두고 볼 것인가 아닌가에 대한 결정이 내려진다고 가정하면, 일단 관객에게 내가 처음 본 뮤지컬이 상업적인지 아닌지는 중요하지 않습니다. 시각을 마비할 만한 무대의 볼거리와 「미스 사이공」의 〈영화 속 한 장면Movie in my mind〉의 가사처럼 그 누구의 마음속에 잊혀지지 않을 그런 음악 하나가 머릿속에 계속 맴돌게 된다면 그것만으로 뮤지컬과의 만남은 충분히 소중하지 않을까 생각해 봅니다. 그런 면에서 이 시대의 뮤지컬은 그럴 만한 강력한 힘을 가지고 있습니다.

자, 그럼 1990년대로 넘어가 봅시다. 뮤지컬의 기업화가 뮤지컬 시장의 판도를 바꾸고 리바이벌 뮤지컬이 성공하는 시대가 되었습니다. 월트디즈니가 뮤지컬 시장에서 「미녀와 야수Beauty and the Beast」로 첫 발을 내딛는 데 성공했고, 두 번째 작품 「라이온 킹The Lion King」으로 뮤지컬 시장을 거머쥐게 되었습니다. 또 위험 부담을 줄이기 위해 기존 관객층이 확보된 뮤지컬을 현대적으로 각색하면서 소극적인 실험 정신을 담아낸 작품이 주류를 이루게 되었습니다. 월트디즈니의 뮤지컬 작품은 애니메이션 장면을 무대에 그대로 연출하면서도 스펙터클한 장면을 만들어 기존 뮤지컬 장면의 한계를 상상력으로 뛰어넘었습니다. 그들이 가지고 있는 풍부한 작품 콘텐츠와 도전 정신, 과감한 투자를 통해 뮤지컬은 이제 성인들의 전유물이 아닌 온 가족을 위한 예술 장르로 자리 잡게 되었습니다. 혁신성과 다양성의 대표적인 사례가 아닌가 싶습니다. 또 리바이벌 뮤지컬은 현대적 감각으로 수정 작업이 이루어지면서 많은 관객들에게 다시 한번 사랑을 받게 되었습니다. 「쇼보트」, 「회전목마」, 「아가씨와 건달들」, 「크레이지 포 유Crazy for You」, 「시카고」, 「카바레」 등이 시대성을 반영하여 현대적으로 재탄생되면서 그동안 잊혀졌던 뮤지컬의 향수를 되살리는 기회가 되었습니다. 그중 「아가씨와 건달들」은 원작보다 더 훌륭하다는 평을 들었고, 상복이 없었던 「시카고」가 1997년 토니 상 여섯 개 부문을 차지하는 이변이 일어나기도 했습니다. 또한 1960년대 작품 「카바레」는 1998년 토니 상을 비롯해 연기 부문을 수상하면서 가장 오랫동안 사랑받은 작품으로 남습니다. 이는 현대적인 감각으로 재발견된 전통성이 뮤지컬의 지위를 높인 사례로 볼 수 있을 것입니다.

앞서 언급한 작품 중에서 개인적으로 데이먼 러니언의 두 단편 「세라 브라운 이야기The Idyll of Miss Sarah Brown」, 「혈압Blood Pressure」을 원작으로 하고 있는 「아가씨와 건달들」을 참으로 좋아합니다. 중학생 때 우연히 TV에서 녹화된 뮤지컬 공연 영상으로 이 작품을 처음 보았습니다. 배우 윤석화 씨가 시집 못 간 노처녀 쇼걸인 '애들레이드' 역을 맡아 〈애들레이드의 탄식Adelaide's Lament〉을 재치 있게 부르는 모습을 보고 홀딱 반해, 친구들 앞에서 창피한 것도 모르고 몇 번이나 애들레이드를 흉내 내던 때가 생각이 납니다. 이후 이 작품의 다양한 버전을 보았는데, 모든 작품이 버릴 수 없는 각자의 고유한 매력을 가지고 있어서 어떤 리바이벌 작품이 더 좋았다고 이야기하긴 어렵습니다. 그만큼 모든 버전이 다 좋다는 생각입니다. 그럼에도 하나를 추천한다면, 우선적으로 1955년에 말론 브란도Marlon Brando와 프랭크 시나트라Frank Sinatra가 스카이 매스터슨과 나싼으로 출연했던 영화 버전을 추천해 봅니다.

1990년대 작품들은 하나같이 새로운 것, 혁신적인 면모에 집중되어 있습니다. 대중은 보편적인 이야기를 즐기면서도 그 안에 시시각각 생겨나는 새로운 것을 탐색하는 데 여념이 없습니다. 게다가 리바이벌 작품들은 이미 시대를 통해 작품성을 인정받았기 때문에 좀 더 변화무쌍하게 현대적으로 각색됨으로써 관객들을 더욱 강력하게 끌어당깁니다.

음악에 한 번이라도 빠져본 사람이라면 음악 없이는 살 수 없을 것입니다. 어쩌면 인간은 생각보다 더 오래전부터 음악과 떼려야 뗄 수 없는 관계였는지도 모릅니다. 오디세우스가 자신의 손을 묶어서라도 세이렌의 노래를 듣고 싶어 했던 것처럼 인간은 음악의 매력을 쉽게 거부하기 어렵습니다. 'Music'과 'al'이 합쳐져서 만들어진 '뮤지컬'이란 말의 어원처럼 음악과 그 무엇이 결합하든지 상관없이 뮤지컬은 자유롭게 시대적 흐름에 맞추어 다양하게 변화되어 왔습니다. 20세기 초부터 지금까지 뮤지컬은 수많은 색을 발산하며 각각의 모양새를 취하고 있습니다. 괴테는 『색채론』에서 색깔에는 감정이 들어 있다고 이야기하는데, 이런 관점에서 뮤지컬의 다양한 색채는 인간의 역사 속에 스며 있는 대중의 다양한 감정을 담고 있다고 볼 수 있겠습니다. 뮤지

(왼쪽) 1953년, 뮤지컬 아가씨와 건달들 공연 후 주연 배우들과 엘리자베스 여왕이 인사를 나누는 모습.(출처: 위키피디아)
(오른쪽) 뮤지컬 「아가씨와 건달들」에 출연한 비비안 블레인과 샘 레빈스.(출처: 위키피디아)

뮤지컬의 다양한 색채는 인간의 역사 속에 스며 있는 대중의 다양한 감정을 담고 있다고 볼 수 있겠습니다. 뮤지컬이 매력적으로 다가오는 가장 큰 이유이기도 합니다.

컬이 매력적으로 다가오는 가장 큰 이유이기도 합니다.

그런 점에서 수많은 작품 중 어느 시대 작품이 더 훌륭하다 못하다 말할 수는 없습니다. 또 뮤지컬은 어느 특정 무리의 전유물이 아니며, 삶의 여유가 있는 사람만이 즐길 수 있는 예술도 아닙니다. 그저 뮤지컬의 이야기와 음악을 즐길 마음만 있으면 그것으로 충분합니다. 그러면 뮤지컬은 수십 년 동안 선보인 다양한 형태로 자신의 매력을 뽐내며 과거에도 그랬듯이 우리도 모르는 사이에 삶의 한 부분으로 스며들 것입니다. 또한 무엇인가 절실히 필요할 때 나를 찾아와 위로해 줄 것입니다. 그럼 그것이 내 인생의 뮤지컬이 되고, 내 삶의 에너지가 될 것입니다. 뮤지컬이란 오묘함 그 자체입니다.

제2장

뮤지컬, 인문학과 동행하다

인간의 가치 탐구

◇◇◇

사전적인 의미로 인문학이란 인간의 사상과 문화를 대상으로 하며 인간의 가치를 탐구하기 위한 표현 활동으로 정의합니다. 이 관점으로 본다면 뮤지컬 역시 인간을 대상으로 삶의 이야기와 철학을 다루며 다채로운 예술 문화를 접목해 입체적인 표현 활동을 하는 예술이라 할 수 있습니다. 뮤지컬은 우리, 즉 인간 삶의 이야기를 드라마, 음악, 춤, 무대 등을 통해 표출합니다. 그 속에는 작가, 연출자, 작사가, 작곡자의 생각, 작품 속 인물들의 삶을 대하는 태도나 철학이 내포되어 있습니다. 이를 토대로 미술, 문학, 역사 등 다양한 인문 분야가 접목되어 뮤지컬을 통한 인간 본연의 모습을 탐구하는 데 깊이를 더합니다. 미술 작품을 소재로 사용하거나 그 주제를 작품의 메시지로 사용하는 경우 또는 고전의 보편성에 높은 가치를 부여해 뮤지컬 작품으로 각색하는 경우가 대표적인 예입니다. 이런 예술 표현 방식은 모든 예술의 핵심 요소인 '공감'이라는 감정으로 정제되어 관객들에게 다가가는 방식을 취합니다. 그리고 이러한 점은 뮤지컬과 인문학이 시작되는 지점으로 이어집니다.

마음 맞는 동료나 친구와 이야기하다 보면 어느새 시간이 훌쩍 지나가 버리는 경험은 누구나 있을 것입니다. 서로 가지고 있는 공통적인 주제나 관심거리가 타임머신을 타게 하는 마술을 부린 것입니다. 대화를 마칠 때쯤 되면 상대와 더 이야기하고 싶은 마음에 다음 기회에 또 만나기를 약속하기도 합니다. 이것은 나와 상대방이 나눈 대화에 '공감'이라는 요소가 작용했기 때문입니다. 공감은 매우 일상적으로 일어나지만 일상뿐 아니라 그 어느 예술 분야와도 분리할 수 없는 핵심적인 감정입니다. 예술은 경험의 공유를 통해 생명력을 얻기 때문입니다. 음악, 미술, 무용, 영화 등 다양한 예술 장르는 그들만의 고유한 형식과 특징을 가지는 동시에 인류와 끊임없는 공감대를 형성했기에 지금까지도 자신의 자리를 지키고 있는 것이겠죠.

우리는 무의식 속에서도 예술을 통해 울고, 웃고, 생각하고, 고민하며 우리의 인생과 연결 고리를 찾아 감정을 해소하거나 삶의 여러 문제의 실마리를 풀어나가곤 합니다. 어떤가요? 여러분은 영화나 TV 드라마 한 편 또는 작게는 대사 하나에 마음을 빼앗겨 작품 속 인물의 삶에 푹 빠져 버린 경험이 있지 않은가요? 저는 테네시 윌리엄스Tennessee Williams의 희곡을 영화화한 「욕망이라는 이름의 전차」에서 블랑쉬라는 인물에게 마음을 뺏겼습니다. 세계대전 이후 삶에 적응하지 못하는 그녀의 나약한 마음이 저에게도 동일시 되면서 가슴 아프게 다가왔던 기억이 있습니다. 또 어떤 화가의 그림을 보며 위로받았던 경험이 있지 않은가요? 러시아의 화가 이고르 알렉산드로비치 포포프Igor Aleksandrovich Popov의 그림 「출근길」을 예로 들 수 있는데요. 삶에 지친 무기력한 모습으로 출근하는 사람들의 모습을 그린 그림입니다. 아마 매일 아침 졸린 눈을 비비며 지하철로 출근해 본 사람이라면 단번에 무한한 공감대를 느낄 수 있습니다. 내 삶의 경험이 예술을 통해 감정적 교류가 이루어지는 순간, 우리는 희로애락을 느끼게 됩니다. 그러면서 그 작품은 평생 마음속에 지워지지 않을 명작으로 남는 것이죠. 공감에 대한 기능을 열거하자면 이 한 페이지를 채워도 모자랄 것입니다. 그보다도 이 장에서는 뮤지컬에 초점을 맞추어 무대에서 인간의 삶이 어떠한 방식으로 표출되는지, 인간의 가치 탐구를 위한 방법으로 미술, 문학이 뮤지컬에 접목되면서 공감이라는 감정과 어떻게 연결되는지를 짚어 보고자 합니다.

뮤지컬, 인간의 삶과 공존하다
◇ ◇ ◇

　몇 해 전 우연히 음악 프로그램에서 뮤지컬 「캣츠」의 그리자벨라 역할을 맡은 외국 뮤지컬 배우의 〈추억 Memory〉을 들은 적이 있습니다. 그때 저도 모르게 울컥하는 감정이 올라왔습니다. 이전에도 이 노래를 수없이 들었지만 단 한 번도 이 곡으로 인해 마음이 움직인 적은 없었습니다. 하지만 그날은 제 의지와 상관없이 눈물이 뺨을 타고 내려왔습니다. 당황스러운 마음에 얼른 눈물을 닦았습니다. 그리자벨라의 애처로운 눈빛에 순간적으로 이목이 집중된 것은 사실이지만, 감정이 동요될 만한 것은 아니었기 때문입니다. 그러나 음악을 듣는 순간 뮤지컬을 처음 시작했을 때부터 지금까지 살아온 저의 모습이 파노라마처럼 뇌리를 스쳐 지나갔습니다. 특히 그리자벨라 고양이의 마지막 노래 가사 "Look, a new day has begun"을 들었을 때 「추억」은 그저 대중들에게 알려진 유명한 곡이 아닌, 제 삶에 한 가닥 희망을 던져 주는 저만의 명곡이 되어 버렸습니다. 그리자벨라의 아름다운 추억을 되새기며 새로운 삶을 기대하는 강렬한 눈빛과 그에 딱 맞는 가사가 제 마음을 툭 하고 건드렸던 것입니다. 그리고 그리자벨라의 마음이 공감되는 순간, 제 안에 쌓인 불순물들이 제거되는 듯한 통쾌한 마음까지 들었습니다.

뮤지컬 「캣츠」의 한 장면.(출처: 위키피디아)

저예산 뮤지컬 영화 「라라랜드La La Land」는 세상에 등장하기가 무섭게 기대 이상의 성공을 거두었습니다. 이 작품을 통해서 데이미언 셔젤Damien Chazelle 감독은 아카데미 감독상 외에도 모든 영화상을 휩쓸게 됩니다. 이쯤 되니 이 작품의 위력은 과연 무엇일까 궁금하지 않을 수 없습니다. 이 영화를 아주 단순하게 정의하면 '꿈을 향해 나아가는 젊은이들의 사랑 이야기' 정도로 설명할 수도 있을 것입니다. 하지만 영화배우를 꿈꾸는 주인공 '미아'와 재즈 피아니스트 '세바스찬'이 삶에 대한 고민과 갈등으로 방황하는 모습은 한 줄의 로그라인으로 설명할 수 없는 '신비로운 매력'을 지니고 있습니다. 영화는 두 주인공이 자본주의 사회에서 예술을 직업으로 선택하여 감내해야만 하는 일련의 과정들을 보여주는 동시에 삶을 예술에 비유함으로써 예술에 대한 열정이 얼마나 가치 있고 아름다운 것인지 이야기합니다. 이런 이야기 속에서 미아와 세바스찬의 상황에 따라 변화하는 심리를 따라가다 보면 우리들의 모습과 비슷한 구석을 발견하게 됩니다. 고전 뮤지컬의 형식을 세련되게 현대화한 점도 아주 훌륭하지만, 그들의 치열한 고민을 통해 나의 모습을 보는 듯한 동질감을 느끼게 만든다는 점이 「라라랜드」의 강력한 힘이 아닐까 생각이 듭니다. 특히 미아가 오디션을 보는 장면은 필자가 뮤지컬 배우로 활동하던 당시 오디션을 보며 느꼈던 감정과 매우 유사하게 중첩되었습니다. 꼭 오디션이 아닐지라도 인생의 수많은 고비를 경험해 본 사람들이 느낄 수 있는 감정과 고민들이 뮤지컬 영화라는 형식을 빌려 폭발적으로 발현되었고 그 묘미는 상당했습니다.

이렇게 뮤지컬은 드라마, 음악, 춤 등을 통해 동질감을 이끌어내며 우리 삶의 방식에 우연히 또는 의도적으로 부딪히며 인생 철학을 만들어 냅니다. 관객들은 이런 예술을 통해 자신의 삶을 되돌아보고 감정을 해소하면서 긍정적인 영향을 받게 됩니다. 즉 뮤지컬은 드라마와 음악과 춤이라는 요소를 사용해 예술

(위) 영화 「라라랜드」의 한 장면.(출처: 판씨네마(주))
(아래) 영화 「라라랜드」 포스터.(출처: 판씨네마(주))

그들의 치열한 고민을 통해 나의 모습을 보는 듯한 동질감을 느끼게 만든다는 점이 「라라랜드」의 강력한 힘이 아닐까 생각이 듭니다.

문화를 창조하는 또 다른 형태의 유쾌한 가치 탐구라 할 수 있습니다.

뮤지컬, 미술과 만나다
◇◇◇

뮤지컬의 세계는 무궁무진합니다. 그래서 예상할 수 없는 뜻밖의 기쁨을 선사하기도 합니다. 그중 하나가 뮤지컬과 명화의 만남입니다. 명화를 뮤지컬의 소재, 인물, 배경으로 사용하면서 심미적인 효과를 노린 두 작품, 조지 거슈윈의 「파리의 아메리카인」과 스티브 손드하임의 「조지와 함께한 일요일 공원에서」가 그 대표적인 예입니다.

조지 거슈윈은 1951년 뮤지컬 작품 「파리의 아메리카인」에서 30대에 파리를 방문했을 때 보았던 인상적인 거리의 모습을 재즈, 블루스, 클래식으로 모던하게 구현해 냈습니다. 그래서인지 이 작품의 경쾌한 음악을 듣고 있노라면 파리에 있는 듯한 기분 좋은 상상에 빠지게 됩니다.

특히 작품의 후반부에 우아하면서도 매혹적인 음악과 함께 명화를 배경으로 연출되는 장장 18분가량의 댄스 시퀀스는 작품의 메시지를 전해 주는 중요한 장면이기도 합니다. 무명 화가 제리와 향수 가게 아가씨 리즈, 주인공 두 남녀가 화려한 색채의 명화를 배경으로 사랑과 이별을 상징하는 춤을 선보이는데, 경쾌하고 열정적인 장면 연출과 함께 쓸쓸함이 묻어납니다. 제리는 미국 여자친구 마일로의 호의를 받아 안정적인 방법으로 자신의 꿈을 이룰 것인가 아니면 본능이 따르는 대로 사랑을 선택할 것인가에 대해 갈등하는데, 이 감정이 춤을 통해 완성됩니다. 장면에 사용된 그림들은 프랑스 화가 툴루즈 로트레크Henri de Toulouse-Lautrec가 그린 「물랭루주Moulin Rouge」부터 루소Henri Rousseau, 고흐Vincent van Gogh, 마네Edouard Manet, 뒤피Raoul Dufy, 위트릴로Maurice Utrillo, 르누아르Pierre-Auguste Renoir의 작품으로, 낭만적인 분위기를 자아내며 매혹적인 음악과 함께 뮤지컬의 배경이 됩니다.

명화가 작품의 배경으로 사용된 의도를 살펴보면, 제리의 직업이 화가인 점에 착안해 그의 사고 체계와 그가 겪는 갈등을 효과적으로 표현하려는 것이 가장 먼저일 것이라 생각합니다. 더불어 인상파 작가의 작품을 선택한 것은 당시 현대적인 파리의 거리, 카페, 광장, 정원의 아름다운 모습을 보여주기 위함이자 인상파 화가의 리드미컬한 붓놀림에서 흐르는 음악적인 색채를 이용하여 뮤지컬의 풍미를 더하기 위함일 것입니다. 동시에 사랑에 대한 문제에 있어서 이상적인 세계에서 삶의 답을 찾고자 하는 자아와 가난한 화가라는 현실에 부딪히는 현실주의적인 삶의 태도가 대비를 이루면서 그 갈등에 깊이를 더한 것으로 추측해 볼 수 있습니다. 특히 화려한 색채의 그림과 대조적으로 고독

한 인생을 살았던 고흐, 신체적인 결함을 가지고 있었던 툴루즈 로트레크의 자유분방한 그림들은 그들의 현실과 대조를 이룸으로써 그들의 열망이 더욱 짙어져 보입니다. 이러한 관점에서 이들의 작품을 배경으로 또는 그림 속 인물이 되어 춤을 추는 제리와 리즈의 현실적인 미래가 그리 순탄하게 보이지만은 않은 것이 저만의 생각은 아니겠죠. 현실과 이상 사이에서 어느 것 하나 놓치고 싶지 않은 것이 우리의 욕망이지만, 우리는 언제나 선택을 해야 합니다.

한 가지 재미나는 것은, 제리의 갈등을 표현하는 뮤지컬 연출 방식은「라라랜드」의 미아와 세바스찬이 현실과 이상 속에서 갈등하는 장면에 직접적인 오마주로 나타나기도 합니다. 두 작품을 감상하며,「라라랜드」에서 오마주를 위한 장면을 찾아보는 것도 소소한 즐거움 중에 하나입니다.

자 그럼, 이번에는 손드하임의「조지와 함께 일요일 공원에서」를 이야기해 보죠. 이 작품은 프랑스의 신인상파 화가 조르주 쇠라 Georges Seurat의 작품 중「그랑자트 섬의 일요일 A Sunday on La Grande Jatte」에서 영감을 받아 인간 삶의 단상을 이야기합니다. 쇠라는 그랑자트 섬에 있는 사람들과 동물들의 모습을 스케치하는데, 화려한 그림과 달리 그림 속 인물들은 모두 무표정입니다. 다들 각각의 포즈를 취하고 있지만, 감정은 알 수 없는 상태입니다. 또「그랑자트 섬의 일요일」의 작가이자 뮤지컬「조지와 함께

『일요일 공원에서』의 주인공인 화가 쇠라는 주변 사람과 쉽게 어울리지 못하는 인물입니다. 그는 사랑하는 여자 '닷'과 함께 어울려 지내는 것에서조차 어려움을 겪습니다. 쇠라는 그저 그림 속 모습을 스케치하면서 다양한 종류의 인간상을 만납니다. 대신 혼자이기 때문에 느끼는 외로움이라는 감정을 그림이라는 예술로 승화시킵니다. 이렇게 이야기는 큰 사건 없이 흘러갑니다.

이런 단순한 스토리를 바탕으로 스티브 손드하임은 점묘화법을 뮤지컬 무대 표현 방식과 작품의 주제로 사용합니다. 점묘화법은 독립적인 색깔들로 이루어진 많은 점들이 모여 그림을 완성하는 방법으로, 이 점은 각기 다른 색임에도 불구하고 캔버스에서 모이면서 하나의 멋진 모습을 드러냅니다. 인생과 예술 사이에 존재하는 경계를 제거하며 세상을 구성하는 요소들의 관계에 대하여 이야기하고 싶은 손드하임의 연출 의도로 볼 수 있죠.

쇠라의 신인상주의는 기존의 인상주의의 주관성을 더 과학적으로 표현한 사조로, 카메라 렌즈처럼 화가의 눈에 비친 인상을 있는 그대로 표현하고자 했습니다. 특히 쇠라의 점묘화법으로 색은 섞을수록 어두워지지만 빛은 섞으면 섞을수록 명도가 높아진다는 점을 적용했습니다. 이는 한 색이 다른 색의 영향을 받아 변화하는 모습을 상징하며 예술적 메타포로 작용합니다. 이런 메타포는 미학과 과학이 조우하는 시점으로 볼 수도 있습니다. 즉 미적인 관점과 과학적인 관점을 동일하게 봄으로써 우리의 삶을 더욱더 객관화하여 생각해 볼 수 있는 기회를 마련하고자 하는 의도가 담겨 있습니다.

「조지와 함께 일요일 공원에서」는 작가의 화법을 작품의 주제, 음악 등에 사용하면서 뮤지컬의 지평을 한층 더 높이는 계기가 되었습니다. 연극 비평가 존 부시 존스(John Bush Jones)*는 예술적 솜씨가 곧 작품의 메시지가 되는 작품으로 무척 보기 드문 훌륭한 음악극이라 평했습니다. 더불어 바그너의 '총체 연극'의 비전과 관련하여 그 무엇도 전체와의 관계를 떠나서 존재할 수 없다는 사실을 20세기에 달성한 작품이라고 평했습니다. 단조로운 스토리 안에 하나하나 세공된 장면들이 독특하게 연출되면서, 유기적으로 연결되어 드라마가 펼쳐지는 방식을 보면 그 말에 절로 동감하게 됩니다. 각각의 빛이 서로 영향을 끼쳐 한 이야기를 만드는 점묘화법과 같이 말입니다.

이렇게 명화가 뮤지컬과 접목되면서 관객의 상상력은 더 확대됩니다. 그림은 감상하는 이의 감정에 따라 다양한 방향으로 느껴질 수 있는 예술입니다. 물론 화가의 의도와 감정은 그림에 고스란히 남아 있겠지만, 그렇다고 그것만이 정답이라고 고집하지 않아도 되는 것이 그림이 주는 아량이 아닐까 생각해 봅니다.

---

* John Bush Jones, *Our Musicals, Ourselves: A Social History of The American Musical Theatre*, Waltham, MA: Brandeis University Press, 2003, p. 295.

보는 이의 마음의 눈을 통해 그림의 의미는 변화될 수 있기 때문이죠. 그런 의미에서 그림은 인간의 삶에 관한 통찰력과 인간 관계의 갈등을 표현하는 데 있어서 보다 심도 있고 재치 있게 연출하는 데 힘을 실어 줍니다. 그래서 명화가 뮤지컬과 만나게 되면 관객에게 전하고자 하는 메시지는 이전보다 더 강력한 힘을 가지고 관객에게 다가오고 있다고 느낄 수 있습니다.

뮤지컬, 고전문학과 단짝이 되다

◇ ◇ ◇

다수의 작품들이 고전을 각색하여 뮤지컬 무대에 올려졌고 성공을 거두었습니다. 고전의 개념을 어떤 시기로 딱 정의하기는 애매합니다. 간략하게 '시간이 지나도 가치가 사라지지 않은 작품'으로 정의해 본다면, 시공을 초월한 주제를 토대로 인간 내면의 보편성을 다룬다는 점을 짚고 넘어갈 수 있습니다.

이러한 기준으로 고전^{Classic}을 본다면 가장 먼저 셰익스피어를 이야기할 수 있습니다. 세계 최고의 극작가 셰익스피어의 1597년 작품『로미오와 줄리엣』이「웨스트 사이드 스토리」로 각색되었습니다. 배경은 이탈리아 베로나에서 뉴욕의 '헬스 키친'으로 불리던 웨스트 사이드^{West Side}로 옮겨졌습니다. 또 몬태규 가의 로미오와 캐플릿 가의 줄리엣은 백인 청년 토니와 이민 온

푸에르토리코인 마리아로 바뀌었습니다. 물론 시대적인 배경과 발생하는 사건들에는 차이가 있지만, 두 작품 모두 집안의 대립으로 사랑의 결실을 맺지 못하게 되는 비극적인 결말로 끝을 냅니다. 고전 연극이 뮤지컬로 각색되면서 연출자이자 안무가인 제롬 로빈스Jerome Robbins는 작품을 통해 춤이 배우의 감정이나 드라마의 흐름을 전달하는 중요한 역할을 하도록 했습니다. 뉴욕필하모니 오케스트라의 지휘자이자, 작곡가인 레너드 번스타인Leonard Bernstein은 재즈, 클래식, 남미 음악을 완벽하게 결합함으로써 뮤지컬을 예술의 경지까지 올렸다고 격찬받았습니다.

    영국의 빅토리아 시대의 작가 찰스 디킨스가 1838년에 발표한 소설 『올리버 트위스트』는 빅토리아 여왕도 너무 좋아했다고 전해지는 작품으로 대중에게도 많은 사랑을 받았습니다. 이 작품은 영국 19세기 산업혁명을 배경으로 뒷골목 소매치기와 매춘부의 이야기 그리고 고아 소년의 인생 역정을 담은 작품입니다. 이러한 소설 내용을 바탕으로 만들어진 뮤지컬 「올리버」는 영국 사회의 불평등화와 산업화의 이면을 지적하는 동시에, 〈그가 나를 필요로 하는 한As long as he needs me〉, 〈나는 무엇이든지 할 수 있어I'd do anything〉 등에서 불려지는 순수하면서도 위트 있는 가사에, 아름다운 멜로디가 더해져 감성을 자극하는 기폭제 역할을 합니다. 또 이 작품은 발라드 오페라 역사에 길이 남을 「거지 오페라The Beggar's Opera」 이후 영국에서 가장 뛰어난 작품으로 알려져 있기도 합니다.

프랑스 작가 빅토르 위고의 1862년 소설 『레미제라블』은 유럽의 암흑기에 민중의 처절한 삶의 모습을 통해 인간의 존엄성과 사랑의 의미를 전하는 낭만주의 작품입니다. 방대한 분량의 원작을 3시간 정도로 압축해 뮤지컬로 탄생시켰으며, 오페라 형식에 팝 멜로디 음악과 함께 라이트모티브Leitmotiv 기법을 사용하여 극의 흐름과 긴장감을 놓치지 않도록 했습니다. 프랑스에서 먼저 제작이 되었지만, 영국의 프로듀서 캐머런 매킨토시에 의하여 과감하게 각색되면서 전 세계적으로 사랑받는 뮤지컬로 거듭나게 되었습니다. 소설의 분량만큼이나 광활하면서도 대사를 대신해 섬세한 감정을 표현하는 음악이 매력적인 작품입니다.

또 스페인 작가 세르반테스Miguel de Cervantes Saavedra의 1605년 소설 『돈키호테Don Quixote』는 극중극 형식인 「맨 오브 라만차Man of La Mancha」로 각색되었습니다. 원작 소설은 2권으로 되어 있으며 1부는 「기발한 이달고 돈키호테 데 라만차」, 2부는 「기발한 기사 돈키호테 데 라만차」로 구성되어 있습니다. 뮤지컬로 각색되면서 세르반테스가 이야기를 이끌어 가는 극중극 형식으로 재구성되었습니다. 또 내용 면에서도 차이를 두었는데, 소설에서는 이상을 지향하는 돈키호테와 반대로 물질적 이익을 지향하는 산초의 대조적인 이야기가 주를 이룬다면, 뮤지컬에서 산초는 돈키호테의 영원한 동반자로 설정되어 돈키호테의 이상을 지지합니다. 마지막에 극중극을 마친 돈키호테가 종교 재판을 받기 위해 감옥을 떠날 때 부른 유명한 곡 〈이룰 수 없는 꿈Impossible Dream〉이 무대에 울려 퍼지는데요, 우리들의 이상은 불가능할지라도 계속 되어야 한다는 돈키호테의 메시지가 음악으로 전해지면 마음 한 켠에 알 수 없는 울림이 느껴지기도 합니다.

고전과 만난 뮤지컬 작품들은 원작의 메시지를 근간으로 젊은 청춘 남녀의 죽음을 통한 화해, 불평등한 계층화 비판, 사회적 혼란 속에서 꿈을 지키기 위해 처절하게 애쓰는 불쌍한 민중의 이야기, 세상과 타협하지 않는 늙은 기사의 이야기 등 삶의 보편적인 이야기를 모티브로 하여 뮤지컬로 확장시켰다는 공통점이 있습니다. 고전이 뮤지컬이라는 20세기 예술 감각과 함께 융합됨으로써, 시대가 흘러도 변하지 않는 사회의 고질적인 실태가 드라마, 음악, 안무로 승화되어 또 다른 뮤지컬의 색깔을 만들어 냅니다. 이때 관객은 시간이 흘러도 변하지 않는 사회의 어두운 그림자를 인식하게 됩니다. 고전을 소재로 한 작품의 힘이죠.

최초의 미국 뮤지컬로 인종 갈등, 부부 갈등을 그린 「쇼보트」속 앤디 선장의 딸 매그놀리아의 인생부터 지금 이 시간에도 탄생하고 있는 뮤지컬 무대에서는 수많은 인생의 노래가 불리고 있습니다. 그저 예술적 향유에서 끝나는 것이 아니라 우리 삶 속에 인물들의 삶이 포개어져 우리를 울리기도 하고 웃게도 하고

(왼쪽) 뮤지컬 「올리버」 포스터. (출처: 위키피디아)
(오른쪽) 《플레이빌》 「맨 오브 라만차」 편. (출처: 위키피디아)

고전이 뮤지컬이라는 20세기 예술 감각과 함께 융합됨으로써, 시대가 흘러도 변하지 않는 사회의 고질적인 실태가 드라마, 음악, 안무로 승화되어 또 다른 뮤지컬의 색깔을 만들어냅니다.

위로하고 자극하며 삶의 에너지를 충전하게 만듭니다. 이것은 인간에 대한 이해 없이는 절대 이루어질 수 없는 일입니다. 우리가 자신을 이해하기는 어렵지만 타자를 통해 자신을 이해하기는 좀 더 수월합니다. 다양한 인생이 줄줄이 엮인 뮤지컬을 통해서 드라마뿐 아니라 춤과 음악으로 구성된 예술 작품과 함께 인생을 탐구할 수 있으니, 뮤지컬을 보는 일은 얼마나 즐거운지요. 뮤지컬은 우리가 경험해 보지 못한 수천수만 가지의 인생 속으로 우리를 초대합니다. 그리고 인간의 삶을 음미하며 더 나은 삶을 생각해 보도록 자극합니다. 이것이 뮤지컬이 특별한 이유입니다.

제3장
뮤지컬의 이중적인 성격

상업성

◇ ◇ ◇

미국은 남북전쟁(1861-1865)이 끝나자 안정을 찾고, 유럽에서 온 이민자들로 산업혁명과 거대한 성장을 이루었습니다. 덕분에 다양한 민족의 문화는 새로운 삶의 모습을 탄생시켰습니다. 또 대중은 하루의 고단함을 풀기 위한 오락 문화를 기대했습니다. 이를 시작으로 음악과 연극의 다양한 요소들이 혼합되어 타임스퀘어를 중심으로 브로드웨이 극장가가 형성되었고, 지금까지 100년 이상의 역사를 만들어 오고 있습니다. 초반에는 극장주들의 극심한 횡포로 배우들이 제대로 된 대우를 받지 못했습니다. 하지만 이후 배우들이 조합을 결성하여 자신들의 권리를 주장하면서 점차 합당한 보수를 받게 되었습니다. 그런데 극장주 혹은 뮤지컬 프로덕션들은 이윤 창출을 위해 스펙터클한 뮤지컬 제작을 고려하지 않으면 안 되는 상황이었습니다. 부동산 가격의 폭등, 제작 비용의 상승 등 자본주의적 요인 때문입니다. 결국 '비용'이라는 무거운 짐은 뮤지컬 티켓값 상승을 통해 고스란히 관객들이 짊어지게 됩니다.

　강의를 다니다 보면 의외로 많은 분들이 뮤지컬을 직접 접해 보지 못했다고 말합니다. 뮤지컬의 수많은 매력들을 많은 분들에게 알리고 싶어 강의를 시작한 것이기에 이러한 사실에 막중한 책임감을 느낍니다. 뮤지컬을 접하지 못한 이유에 대해 다양한 방식으로 이야기를 시도해 보았습니다. 대다수가 비싼 티켓값 때문이라고 대답했습니다. 다회성 예술인 영화와 달리 현장성이 매력인 일회성 예술 뮤지컬은 구조적으로 영화에 비해 티켓값이 높습니다. 반갑게도, 강연 참석자들 중 몇 분은 강연을 통해 뮤지컬을 자신과는 무관한 세상에 존재하는 예술로 치부했던 인식이 서서히 바뀌기 시작했다고 이야기합니다. 강의를 들으셨던 또 다른 30대 남자 수강생은 뮤지컬 같은 세상이 있는 줄 몰랐다면서 적잖은 충격을 받았다고 말씀해 주셨습니다. 확실히 뮤지컬의 힘은 강합니다. 하지만 아쉽게도 비싼 티켓값 때문에 뮤지컬이 얼마큼 매력적인 장르인지도 모른 채, 영화만큼 쉽게 즐길 기회를 얻지 못합니다. 그러다 보니 다양한 뮤지컬 중에서 자신에게 맞는 뮤지컬이 무엇인지도 모르는 상태로 뮤지컬에 대한 편견을 갖는 경우도 있습니다. 영화만 해도 액션, SF, 코미디, 스릴러, 전쟁 영화, 멜로 영화, 다큐멘터리 등 그 종류가 다양하며 관객의 입맛에 따라 골라 볼 수 있는데, 뮤지컬은 어떤 종류가 있는지조차 모르는 상태로 내가 본 한 편의 뮤지컬이 뮤지컬 전체가 되어 버리는 경우가 많기 때문입니다. 뮤지컬의 종류를 이야기해 보면 재즈 뮤지컬부터, 뮤지컬 황금기의 북 뮤지컬, 록 뮤지컬, 메가 뮤지컬, 콘셉트 뮤지컬, 댄스 뮤지컬, 주크박스 뮤지컬 등 이렇게 다양한데 말입니다. 입맛에 맞는 뮤지컬을 선택하려면, 모든 취향의 향유가 그러하듯, 시간과 비용이 드는 것은 사실입니다. 자주 접할 수 없으니 선택의 기회조차 멀어지는 것 아니겠어요?

강의에서 만난 50대 남자 수강생은 뮤지컬 「맘마미아」를 극장에서 보고 반해 버려 큰맘 먹고 가족들과 함께 유명 아이돌이 나오는 뮤지컬을 보러 갔다고 합니다. 무대가 잘 보이는 곳에 앉기 위해 값이 꽤 나가는 티켓을 구매했는데 너무 재미가 없어 졸다가 나왔다며 속상해했습니다. 최근에 유명 아이돌이 뮤지컬의 주인공으로 출연하면서 상업적으로 성공한 작품들도 많은데, 이분에게는 유명 아이돌이 나왔다는 사실 자체만으로는 즐겁지 않았던 모양입니다. 만약 그분이 자신이 좋아하는 장르가 「맘마미아」와 같은 주크박스 뮤지컬인 걸 알았더라면 졸음과 싸워야 하는 작품을 고를 일은 없었을 텐데라는 안타까운 마음마저 들었습니다. 왜냐하면 상업적인 면에서 본다면 뮤지컬 애호가 한 명을 잃은 셈이 되기 때문입니다.

이렇게 고가의 티켓값은 입맛에 맞는 뮤지컬을 고를 기회를 빼앗아 버립니다. 하지만 알고 보면 뮤지컬 티켓이 무조건 비싼 것만은 아닙니다. 작품과 공연장 규모에 따라 소극장인 경우 1만 원대부터 5만 원 이하인 경우도 많습니다. 브로드웨이의 경우 대극장이 아닌 그리니치 빌리지 쪽의 오프 브로드웨이Off-Broadway 작품과 오프 오프 브로드웨이Off-Off-Broadway에서도 많은 작품을 올리고 있으며 40년 이상 공연을 올린 최장기 공연 뮤지컬 「판타스틱스The Fantasticks」, 「갓스펠Godspell」, 「캉디드Candide」와 같은 작품은 오프 브로드웨이에서 성공한 작품들로 오랫동안 많은 사람들에게 사랑받아 왔습니다.

물론 우리에게 잘 알려진 대형 뮤지컬 공연장의 티켓은 S석, R석, VIP석으로 좌석의 등급을 정해 최소 몇만 원부터 10만 원 이상까지 값이 다양합니다. 그리고 이에 보상이라도 하듯 화려하면서도 웅장한 무대를 배경으로 오케스트라의 생생한 음악과 함께 20, 30명의 주조연과 앙상블 배우들이 펼치는 노래, 연기, 춤으로 무대가 가득 찹니다. 한눈에 반해 버리기에 충분한 모습으로 관객들에게 어필합니다. 난생 처음으로 뮤지컬을 볼 기회가 생긴다면, 분명 개인의 취향에 따라 차이는 있겠지만, 유명하면서도 볼거리가 많아 시각을 자극하는 메가 뮤지컬을 먼저 보고 싶은 것이 사람 마음이겠지요. 하지만 우리나라만 보더라도 2001년에 초연된 메가 뮤지컬 「오페라의 유령」이 당시 최고 등급 좌석으로 10만 원을 넘기면서 뮤지컬의 상업화에 한몫했습니다. 오페라와는 다른, 재창조된 고급 문화 형태의 이면으로 티켓 가격이 관객들의 허영심을 자극하는 요소로 존재하고 있습니다.

하지만 아이러니하게도 세계적으로 뮤지컬이 사랑받기 시작한 것도 메가 뮤지컬이 시작되면서였다는 점을 부인할 수 없을 것입니다. 영국의 프로듀서 캐머런 매킨토시의 「캣츠」, 「미스 사이공」, 「레미제라블」, 「오페라의 유령」 등이 브로드웨이 뮤지컬을 침공하면서 뮤지컬의 상업화를 굳혀 나갔습니다. 메가 뮤지컬은 플롯, 음악, 광고에 힘을 실었습니다. 드라마는 인류의 보편적인 가치를 주제로 세계인 모두 공감할 수 있는 대서사를 이루었고, 음악은 대사를 노래로 처리하는 동시에 각국의 다양한 언어를 영어로 통일하면서 언어의 장벽을 해결했습니다. 그 결과 뮤지컬 음반까지 발매되면서 음반 사업에도 붐이 일게 되었습니다. 또한 대대적인 광고를 실시하여 매력적인 뮤지컬을 홍보했고 시장의 규모를 글로벌하게 확장했습니다. 즉 메가 뮤지컬은 관객을 시청각적으로 자극하여 더 쉽게 뮤지컬의 세계로 넘어오도록 유혹한 것입니다. 우호적인 시각으로 본다면 메가 뮤지컬은 뮤지컬의 상업화를 이루어 낸 영웅인 셈입니다.

이 시기 뮤지컬은 대중적인 성격을 지향하면서도 동시에 고

(위) 영화 오페라의 유령의 한 장면.
(출처: (주)팝엔터테인먼트)
(아래) 뮤지컬 오페라의 유령의 포스터.
(출처: 위키피디아)

상업성이라는 것은 더 많은 사람들이 더 많은 뮤지컬에 접할 수 있게 되었을 때 그 빛을 발휘하는 것은 아닐까요? 오랜 시간이 흐른 뒤에도 역사 속에 뮤지컬이라는 장르가 살아남기 위해서는 꼭 풀어야 할 문제가 아닐까 생각해 봅니다.

급 문화를 선망합니다. 공연의 일회성이라는 매력과 브라운관을 뛰어넘는 강렬하게 감성적이면서도 로맨틱한 정서가 뮤지컬의 상업적 성공을 이루어냈습니다. 하지만 상업성이라는 것은 더 많은 사람들이 더 많은 뮤지컬을 접할 수 있게 되었을 때 그 빛을 발휘하는 것은 아닐까요? 오랜 시간이 흐른 뒤에도 역사 속에 뮤지컬이라는 장르가 살아남기 위해서는 꼭 풀어야 할 문제가 아닐까 생각해 봅니다. 특히 강연을 다니며 뮤지컬을 바라보는 다양한 시각을 접하면서 지금의 뮤지컬이 과연 대중을 위해 존재하는가에 대한 의문을 품게 되었습니다. 그런 의미에서 갈수록 시각적 효과를 극대화하는 뮤지컬의 화려함이 항상 반가운 것만은 아닙니다.

극적인 오프닝 무대, 감정이 고조되는 열정 가득한 무대, 분명 뮤지컬은 현장성이 강한 예술 분야입니다. 뮤지컬은 드라마, 음악, 춤의 무대를 통해 시대의 모습을 현장감 있게 반영하면서 판타지라는 표현 방식을 덧붙여 관객을 향해 손짓합니다. 관객은 무대에서 펼쳐지는 드라마를 보고 매력적인 노래를 들으며 현실에서 받은 스트레스를 풀고 위로를 얻습니다. 아리스토텔레스는 이것을 '카타르시스'라고 정의했습니다. 예술적 환상을 통해서 감정을 정화하고 더 높은 차원으로 인간을 고양시킨다는 점을 중요하게 거론한 것입니다. 우리는 단순히 듣거나 보기만 하는 것보다는, 현장에서 동시에 들으면서 보는 것에 더 즉각적으로 반응합니다. 이것이 바로 현장감이 주는 장점입니다. 뮤지컬「메리 포핀스Mary Poppins」는 런던 체리나무 거리 17번가를 배경으로 우산을 쓰고 바람 타고 날아온 메리 포핀스의 현란한 탭댄스 안무가 관객들의 시선을 한눈에 사로잡습니다. 그중에서도 단연 으뜸인 것은 음악입니다. 〈설탕 한 스푼A Spoonful Of Sugar〉, 〈슈퍼칼리프래질리스틱엑스피알리도셔스Supercalifragilisticexpialidocious〉, 〈침 침 체리Chim Chim Cheree〉 등의 음악은 개인용 이어폰으로 듣는 것과는 비교할 수 없는 즐거운 판타지를 제공합니다. 무대에서 펼쳐지는 생생하면서도 따뜻한 정서는 관객들에게 위로와 기쁨을 선사합니다. 음악은 뮤지컬을 구성하는 한 장치로서 기능할 뿐 아니라 감정의 탈출구 역할을 하는 셈입니다. 무대의 이런 현장감은 관객과 배우가 직접 공감하고 소통하게 만들면서 감정과 의식의 변화를 일으켜 주의를 집중시킵니다. 이것을 몰입이라 할 수 있습니다. 또 오케스트라의 반주에 맞춘 아름다운 선율의 음악을 듣고 있노라면 나도 모르게 음을 흥얼거리며 발장단을 맞추게 되고 심미적인 안무를 보면서 황홀감에 빠지게 됩니다. 이 모든 것이 뮤지컬의 현장성이 선사하는 선물이자 관객들

뮤지컬 「메리 포핀스」의 한 장면. (출처: nara.gerarchive.net)

이 뮤지컬에 흠뻑 매료되는 이유이기도 합니다.

이와 함께 뮤지컬은 혼종의 미학이 두드러지는 예술 장르입니다. 뮤지컬을 구성하는 드라마, 음악, 안무 이 세 가지 요소가 화학 작용을 일으키듯 상호 보완적인 작용을 합니다. 예를 들면 드라마가 지루해지거나 상황을 설명하기에 표현이 부족하다면 관객에게 극을 이해시키기 위해 혹은 반전을 위하여 더 깊고 풍부한 감정의 표현이 필요한 시점에 음악이 그 빈자리를 채웁니다. 또 음악으로 부족한 역동성은 움직임이 빈자리를 채워가며 무대의 생명력을 더합니다. 이것이 가능한 이유는 음악과 안무가 정서를 확장하는 역할을 하기 때문입니다. 노래와 춤을 통해 인물이 단 몇 분 만에 감정의 증폭을 보여주는 경우가 그 예입니다. 더욱이 음악은 시간의 흐름과 함께 인물의 성격과 드라마에 생명력을 더합니다. 또 안무는 기존의 형식을 해체함으로써 감정의 고조를 표출하여 오로라 같은 신비한 기운을 일으킵니다. 이와 함께 드라마는 음악과 안무를 이끌어가는 중추적인 역할을 합니다. 드라마에 사용되는 언어는 서사를 직접적으로 표현하는 속성이 있지만, 뮤지컬에서는 노래와 춤이 드라마와 결합되면서 더 이상 직접적인 대사가 아닌 하나의 살아 있는 기운으로 채워져 더 큰 덩어리로 관객에게 적극적으로 소통을 시도합니다. 또한 뮤지컬 공연은 보통 2시간 30분 이상 진행되는데, 한 좌석에 계속 앉아 있기에 짧지 않은 시간입니다. 물론 잠들기에도 충분한 시간입니다. 그럼에도 관객은 뮤지컬을 보는 동안만큼은 여유를 만끽하며 평소에 쓰지 않는 감각을 활발하게 자극하여 내면을 활성화합니다. 자유롭게 반응하는 감각의 발견과 내면의 풍요로움이 환각처럼 느껴지기도 합니다. 또 생활에 지친 마음이 한껏 위로받고 있다고 느끼기도 하고요. 이것이 관객이 뮤지컬 무대를 찾는 이유가 아닐까요.

뮤지컬의 탄생 역사를 보면 뮤지컬의 혼종성을 더욱 쉽게 이해할 수 있습니다. 미국은 다양한 인종과 문화가 뒤섞여 동화되는 '멜팅팟Melting Pot'입니다. 그중에서도 브로드웨이가 위치한 뉴욕은 영국과 다양한 유럽 국가에서 온 이민자들이 모여 있는 도시입니다. 유럽 음악극인 오페레타 등 다양한 음악극이 미국으로 유입되면서 기존의 상업적인 쇼와 혼합되고 조율되어 미국만의 색깔을 띤 뮤지컬이 탄생하게 되었습니다. 백인이 흑인 역할을 맡아 흑인을 웃음 소재로 사용하는 민스트럴 쇼, 여성의 신체 윤곽이 최대로 드러나는 옷을 입고 춤을 추는 벌레스크, 노래와 화려한 춤을 나열한 레뷰, 싸구려 술집에서 볼거리 위주로 올려진 보드빌 등의 쇼가 그 시작에 있었으며, 점차 지금의 뮤지컬 형식으로 변화해 왔습니다.

이와 같은 뮤지컬의 역사는 한 텍스트가 다른 텍스트의 영향을 받아 나타나는 현상인 상호 텍스트성과 연관이 있습니다. 이 현상은 예술의 자율성을 인정하는 동시에 예술은 어느 형식으로든 변화 가능함을 드러내며 소통의 효용성을 높입니다. 같은 맥락에서 『극장과 공연의 상호매체성Intermediality in Theatre and Performance』의 저자 프리다 채플Freda Chapple과 칠 카텐벨트Chiel Kattenbelt는 이러한 속성이 지각 방식의 변화를 초래한다고 이야기하기도 했습니다. 지각 방식의 변화란 배우와 이를 바라보는 관객 사이에 일어나는 현상을 이야기하는 것입니다. 즉 실제 관객과 공존하는 무대의 자율성은 관객의 지각 양식에 다채롭게 변화를 끼치며 다각적인 방식으로 느끼고 사고할 수 있게 이끈다는 데 있어서 유의미합니다. 즉 혼종은 표현 방법의 확장인 것입니다. 이러한 이유들로 지금도 뮤지컬은 다양한 방식으로 여러 매체가 혼합되는 과정을 거치고 있습니다. 형식의 단일화가 주는 단조로움에서 벗어나 다양한 예술을 활용하여 관객들에게 유쾌함과 감동을 선사합니다. 우리는 그 변화를 즐기면 되는 것이죠. 뮤지컬은 정해진 것 없는 변화 가능성 그 자체이기 때문입니다.

　마지막으로 뮤지컬은 대중 예술의 성격을 띠고 있습니다. 뮤지컬은 자극을 통해서 우리의 감각에 변화를 일으키고, 관객들은 그 감각을 즐기기 위해 뮤지컬을 찾습니다. 그 첫 번째 이유는 서사가 복잡하지 않고 단순하게 흘러가기 때문이며, 두 번째 이유는 친근한 우리의 신체와 목소리를 사용하여 감성적으로 관객들에게 다가가기 때문입니다. 이런 두 가지 요소는 관객이 큰 노력을 기울이지 않아도 편안하게 받아들일 수 있다는 큰 장점이 있습니다. 이것은 마치 텔레비전과 같습니다. 미디어 이론가이자 문화 비평가인 마셜 매클루언Herbert Marshall McLuhan*은 텔레비전 영상이 우리의 감각을 순간순간 참여시켜 그물 속의 공간을 채워나갈 것을 요구한다고 했습니다. 이것은 매우 활동적이며 촉각적인 것으로, 감각의 상호작용을 일으키는 원동력이 됩니다. 그래서 사람들은 텔레비전 드라마를 즐기듯이 감정적 부담 없이 뮤지컬을 즐길 수 있습니다.

---

* Peter M. Boenisch, "Aesthetic Art to Aisthetic Act: Theatre, Media, Intermedial Performance", *Intermediality in Theatre and Performance*, Eds. Freda Chapple, Chiel Kattenbelt, Amsterdam & New York: Rodopi, 2007.

상대적으로 감각 작용에 민감한 20-30대 여성들이 뮤지컬을 즐기는 것도 이와 관련이 없지 않을 것입니다. 여성들은 자발적으로 감각의 욕구를 충족하고자 뮤지컬을 찾습니다. 이와 달리 남성의 경우는 회사 동료, 연인, 아내와 함께 인적 네트워킹을 즐기기 위하여 뮤지컬을 찾는 경우가 대부분이라고 합니다. 그런 이유에서인지 혼자 공연을 관람하기 위해 오는 남성 관객 수보다 여성의 수가 더 많은 것인지도 모르겠습니다. 이렇게 관람의 목적은 다소 차이가 있지만 거시적인 관점에서 본다면 오락을 목적으로 뮤지컬을 찾는다는 공통점을 발견할 수 있습니다. 오락은 말 그대로 기분을 즐겁게 하는 일입니다. 그리고 오락을 완전하게 즐기는 데 있어서 가장 중요한 요소는 바로 공감입니다. 상대방과의 교류를 통한 공감이 없다면 기분 좋은 변화를 느끼기 어려울 수밖에 없습니다. 장수 TV 프로그램이었던 「개그콘서트」도 공감을 통한 즐거움을 제공함으로써 관객들이 맘껏 웃을 수 있었습니다. 당시 직장인이었던 필자의 여동생은 일요일 저녁에 방송하는 이 프로그램을 통해서 월요병을 이겨낼 수 있었다고 이야기하곤 했습니다. 반대로 공감할 수 없는 이야기로 가득한 개그 프로그램을 보는 것만큼 곤욕스러운 일도 없겠죠. 보편성이 녹아든 공감이란 발현된 감정에 개인의 구체적인 어떤 것이 녹아들어 나만의 특수성을 만들어 낸 것입니다. 뮤지컬도 이와 같습니다. 대중이 공감할 만한 기회로 가득 차 있죠. 그래서 관객은 뮤지컬을 통해 편안한 마음으로 즐거운 여행을 떠날 수 있게 됩니다.

뮤지컬 인문학으로의 초대

그렇다면 뮤지컬의 이러한 속성들이 인문학과는 과연 어떠한 연관성이 있을까요? 언뜻 보면 상업성이라는 성격 자체가 인문학과는 거리가 멀어 보입니다. 하지만 상업성도 결국 사람을 상대로 추구하는 장사입니다. 동시대를 살아가는 사람들의 심리, 사회적인 분위기와 흐름을 정확하게 읽어내지 못한다면 그 장사는 실패하게 됩니다. 시대가 요구하고 관객이 원하는 카타르시스를 잘 구현해 냈을 때 상업적으로도 가치가 있는 것이니까요. 인간에 대한 이해가 상업적인 이득과 직결되는 것이 예술의 양면성이기도 합니다.

또 모든 예술은 살아 있을 때, 그 가치가 더 높습니다. 그림은 그림의 가치를 알아봐 주는 사람을 만났을 때 빛이 나고, 음악은 누군가의 마음을 움직일 때 가장 아름답습니다. 그리고 뮤지컬은 무대에서 역동성을 가지고 살아 있을 때가 가장 뮤지컬답습니다. 살아 있는 무대를 통해 펼쳐지는 인간의 삶의 모습 한 자락이 자신에게 와닿는 순간 뮤지컬은 또 다른 나만의 철학이 됩니다. 그래서 뮤지컬은 전혀 다른 나, 또 나와 같은 친구와 떠나는 여행과도 같습니다.

게다가 뮤지컬이 지닌 혼종성은 예술의 다양한 속성을 통해 다양한 방식으로 인간의 삶과 감정을 표현합니다. 드라마, 음악, 춤이 가지고 있는 예술적 특징이 각각의 방식으로 상호 보완적으로 표현되는 것 또한 뮤지컬의 매력이며, 이것은 수많은 역사의 흐름 속에 녹아든 다양한 삶의 모습을 표현함에 있어서 부족함이 없습니다. 특히 다양한 형식의 변화를 거듭하며 만들어진 뮤지컬의 혼종적인 태생을 생각하면 뮤지컬 자체가 인간이 살아온 발자취의 기록처럼 보이기도 합니다. 미학자 게오르크 루카치는 예술사에 인간의 절실한 바람과 동경이 깃들어 있으며 이를 통해 무엇을 추구하고 살아왔는지 알 수 있다고 이야기했습니다. 그리고 이를 "인류의 기억"이라 말하고 있습니다. 이런 의미에서 뮤지컬의 혼종적인 성격은 인간의 다양한 바람과 삶의 역사를 배우가 드라마, 노래, 춤을 통해 관객에게 전달하는 예술사를 드러낸다고 할 수 있습니다.

끝으로 뮤지컬의 대중성은 앞서 언급했듯이 인간의 보편성과 밀접한 관련이 있습니다. 깊은 감동을 주었던 뮤지컬 한 장면이 며칠 동안 머리에서 떠나지 않는다면, 이것은 인간의 감성적 정서를 건드렸다는 증거입니다. 뮤지컬 드라마가 우리의 삶을 투영할 수 없다면 일어날 수 없는 교감입니다. 대중은 복잡하지 않고 오락적이며 동시에 자극적인 것을 즐기고자 하는 속성이 있는데 여기에서 핵심은 뮤지컬이 복잡하지 않은 서사와 더불어 공감할 수 있는 모습을 근간으로 하고 있다는 점입니다. 뮤지컬의 초기부터 시작된 북 뮤지컬, 록 뮤지컬, 콘셉트 뮤지컬, 메가 뮤지컬의 행보를 살펴보면 동시대의 경제적·사회적 상황과 대체로 일치하는 것을 발견할 수 있습니다. 이러한 사실은 뮤지컬이 인간의 역사와 보조를 맞추어 함께 걷고 있음을 여실히 보여줍니다. 물론 고급문화를 지향하는 뮤지컬의 상업성은 대중성과 다소 거리가 있습니다. 하지만 이런 고급화도 영화와 같은 대중문화 사이에서 살아남기 위한 선택이었습니다. 또 수많은 정보에 노출되어 있는 관객의 안목이 점점 고급화되는 것을 감안하면 뮤지컬은 그만큼 현대인의 삶을 반영하며 인간의 삶에 밀착되어 있다는 점을 알 수 있습니다. 이렇게 뮤지컬은 인간의 역사의 흐름과 동행하고 있습니다.

더불어 뮤지컬은 사회적 맥락을 작품 안에 고스란히 반영하고 있어 인간의 삶과 밀접하게 연결되어 있습니다. 엄밀히 말하자면, 뮤지컬이 사회 정체성을 투영하고 있다는 점은 음악극의 역사를 통해 이해할 수 있습니다. 음악극은 언어와 음악이라는 서로 다른 체계가 결합된 예술입니다. 시대의 흐름에 따라 언어와 음악은 목적에 맞추어 적절한 형태로 우위를 점하며 변화를 도모해 왔습니다.

그 태동은 고대 그리스의 비극에서 시작됩니다. 비극적 코러스는 영웅을 찬양하기 위한 목적으로 불렸습니다. 이후 신의 제사를 위한 디오니소스 축제로 변화되었지만 영웅을 기리기 위한 정치적인 목적으로 음악극이 사용되었다는 점은 동일합니다.

그 뒤를 이어 17세기에 로마 시대 문화를 연구하는 인문학자에 의해 탄생된 르네상스의 산물인 오페라가 음악극을 대표하는 형식으로 자리 잡았습니다. 르네상스 시기 역시 그리스의 극을 모방하는 시도가 계속되면서 음악이 극에서 사건과 인물을 표현하는 극언어로서 역할을 하게 됩니다.

하지만 오페라에 대한 반격으로 19세기 바그너는 음악극을 '드라마'라는 표현으로 정의합니다. 다만 '드라마'라고 해서 오로지 언어로만 구성된 극이 아니라 오페라와 연극을 포함해 모든 예술을 총망라한 '총체 예술'을 의미합니다. 물론 여기서 정치와 예술을 분리하지 않았습니다. 정치와 예술이 분리되어 존재한다는 것은 무의미한 것으로 공공성에 다가갈 수 없는 사회의 퇴락이라고 이해했기 때문입니다.

그 후 19세기 후반에서 20세기 초에 등장한 자크 오펜바흐Jacques Offenbach의 '오페레타'는 세상의 어두운 면을 자극하며 풍자적인 웃음을 만드는 음악극입니다. 특히 오페라에서 자주 사용되던 소재를 재구성하여 상위 계급의 향유물이었던 오페라의 변형을 의도합니다. 더 나아가 이성을 깨우는 사회 비판적 음악극인 베르톨트 브레히트Bertolt Brecht의 '서사적 오페라'가 음악에 사회성을 부여하면서, 부조리를 일깨우고 사회 변화의 가능성을 열어두며 음악극을 새롭게 정립했습니다.*

사실 음악극의 역사를 이야기한다면 책 한 권을 다 써도 모자랄 만큼 방대합니다. 하지만 위에서 언급한 음악극의 굵직한 태동을 보면 감성보다는 오히려 이성적인 성향이 짙다는 것을 알 수 있습니다. 더불어 사회의 이면에 예민하게 반응하며 그 길을 동행해 왔다는 것 또한 알 수 있습니다. 그리고 미국에서 시작된 뮤지컬 역시 음악극 역사의 맥을 이어오며, 사회 정체성의 변화에 따라 관객의 욕구에 부응하기 위해 다채로운 모습으로 탄생되고 있습니다.

이 책에서 다루는 뮤지컬 작품의 선정 기준은 누구나 즐기기 좋은 뮤지컬이라는 것에 있습니다. 정말 누구나 즐기기에 좋은 작품이냐고 묻는다면 저는 겸연쩍게 웃어 버릴지도 모르겠습니다. 사실 많은 사람의 각기 다른 입맛을 맞춘다는 것은 불가능한 일이기 때문입니다. 하지만 이 책에서 다루는 작품은 누구나 한 번쯤 보았거나 보고 싶었거나 보려고 마음먹고 있는 훌륭한 작품들입니다. 살면서 한 번쯤은 꼭 만나게 되고, 만나면 다시

---

*   김광선, 『디오니소스 제전에서 뮤지컬까지―서양 음악극의 역사』(연극과인간, 2009).

한 번은 꼭 더 보게 되는 작품임이 확실합니다. 작품들의 예술적인 면모를 관통하여 인문학적인 통찰을 끌어내고자 하는 이 글의 의도가 뮤지컬을 접한 지 얼마 안 된 이에게는 뮤지컬이 우리의 삶을 위로하고 공감하고 있다는 점에 즐거움과 동질감을 느낄 수 있는 기회가 되기 바랍니다. 또 뮤지컬 애호가에게는 뮤지컬이 가지고 있는 무한한 가치에 자긍심을 느낄 수 기회가 되길 희망해 봅니다.

제2부
뮤지컬과 함께하는 인문학 여행

제1장
오페라의 두 번째 죽음, 뮤지컬의 첫 번째 삶

언어와 음악이 벌이고 있는 투쟁과 협력

"왜 뮤지컬은 인문학적 성찰의 대상이 될 수 있는가?"

이 질문에 답하기 전에 우선 우리가 일상적으로 접하는 '인문학'의 의미를 정리해 볼 필요가 있습니다. 어떤 대상을 인문학적으로 생각하고 접근하려면 최소한 인문학이 무엇이다라는 식의 개념 이해가 요청됩니다. 물론 인문학을 똑 부러지게 정의하는 것은 어렵습니다. 누구는 '문학·사학·철학이 인문학이다'라고 말하는데, 그러한 정의는 도서관이나 서점에서 근무하는 분들에게는 효과적일지 몰라도 그 외의 사람들에게는 하나마나 한 말입니다.

오늘날 인문학이라는 말은 근본적으로 서양의 학문에서 정립된 개념입니다. '인문학'이라는 단어는 영어 'Humanities'를 번역한 말이기도 하죠. 서양의 학문 체계가 크게 자연과학과 인문학으로 틀 지워진다는 맥락에 인문학의 기본적 의미가 있습니다. 즉, 인문학은 어떤 식으로든 '인간'과 관련되어 있습니다. 좀 더 구체적으로는 '인간의 삶'과 맞닿아 있습니다.

　인문학을 정의하는 여러 의견이 있지만 저는 개인적으로 서강대학교 최진석 교수님의 정의를 좋아합니다. 매우 단순하기 때문에 매력적인 정의입니다. '인문'의 한자 '人文'을 분석하여 '사람(人)이 그리는 무늬(文)'를 추적하고 분석하여 그 무늬의 의미를 알게 해주는 학문이 인문학이라는 것입니다. 이때 '무늬'는 사람들의 활동이 나타내는 큰 흐름, 맥락, 시대정신, 이데올로기 등의 의미로 일반화될 수 있습니다. 문학·사학·철학이 인문학이라는 식의 정의가 그다지 만족스럽지 못한 이유는 '인문학'을 정의하지 못한 채 동어반복적인 오류를 범했기 때문입니다. 문학·사학·철학이 인문학으로 분류되는 이유는 그 학문들이 바로 '사람이 그리는 무늬'를 알게 해주는 학문이기 때문입니다. 이러한 정의 방식에 동의하기 힘들거나 다른 의견을 가진 분들도 있겠지만, 이 책에서는 인문학을 이러한 의미로 받아들이고 시작하겠습니다.

　이 정의는 뮤지컬과 인문학이 만날 수 있는 최소한의 근거를 만들어줍니다. 하지만 그런 식이라면 영화 인문학, 드라마 인문학, 애니메이션 인문학이 성립하는 근거도 마찬가지입니다. 뮤지컬이 인간이 그리는 삶의 무늬와 관련되어 있기 때문에 '뮤지컬 인문학'이라는 개념이 가능하다는 식의 논리는 영화, 드라마, 애니메이션에도 똑같이 적용됩니다. 그렇다면 '뮤지컬 인문학'을 가능하게 해주는 뮤지컬만의 특징은 무엇일까요?

스티븐 미슨의 『노래하는 네안데르탈인』은 이에 대한 적절한 해답을 제시합니다. '음악과 언어로 보는 인류의 진화'라는 부제가 모든 것을 말해 주는 이 새로운 인문학 고전은, (한국어판 기준) 500쪽이 넘는 방대한 분량에 인류학, 고고학, 음악학, 아동 심리학, 신경학, 해부학 등 다양한 인문적 지식을 바탕으로 언어, 음악, 노래, 춤의 진화적 의미를 흥미진진하게 추적합니다. 저자에 따르면 언어와 음악은 진화적으로 한 뿌리에서 나왔습니다. 그 뒤에 어떤 진화적 선택 압력에 의해서 언어와 음악은 분리된 것이죠. 언어는 주로 이성의 기능을 수행했고 음악은 감정 등 다른 기능을 수행하게 되었습니다. 이 책은 특히 음악의 진화사적 지위를 찾아주는 작업에 더 비중이 실려 있습니다. 저자는 '음악은 언어의 진화적 부산물일 뿐'이라는 기존의 학설을 비판하고 언어와 음악이 같은 뿌리에서 나왔다는 다양한 증거들, 음악과 언어가 현재에도 상호 보완적으로 기능하고 있는 흔적들을 찾아냅니다. 이를 위해 저자는 실어증이나 실음악증*처럼 언어와 음악의 기능에 문제가 발생한 사람들을 분석하여 뇌에서 음악과

---

* 음치처럼 음의 높낮이나 리듬을 이해하는 능력이 떨어지는 증상이다.

언어의 기능을 수행하는 영역이 다름을 입증하기도 하고, 인간과 유인원의 해부학적 비교를 통해 언어와 음악이 작동하는 물리적 프로세스를 그려 봅니다. 까마득한 인류 여명기의 고고학적 유물과 유적 조사를 통해 언어와 음악이 분리되기 이전 상태를 재구성하여 상상하기도 하고, 오늘날 인간이 언어를 사용하는 메커니즘에 여전히 음악의 DNA가 작동하고 있음을 발견합니다.

그럼에도 그는 노래의 중요성을 적절히 짚어냅니다. 그것은 바로 노래가 '음악과 언어의 결합'이라는 점입니다. 게다가 그것은 단순한 결합이 아니라, 음악과 언어라는 "두 산물이 오랫동안 따로따로 진화하여 완전히 진화된 형태를 갖춘 이후에" 하나의 의사소통 체계로 재결합한 것입니다. 그렇기 때문에 노래는 "뛰어난 정보 전달 수단(가사라는 형태의 구성적 언어)의 덕을 볼 뿐만 아니라, 음악을 통해 구성적 언어만으로는 얻을 수 없는 수준의 감정 표현을 해"낼 수 있습니다.

따라서 그에게 "음악의 기원은 언어의 기원만큼이나 조명받아 마땅한 주제일 뿐만 아니라, 둘은 따로 떼어 다룰 수 없"습니다. 그는 언어의 진화에 대한 최근의 연구에 큰 진전이 없는 것이 바로 이러한 음악의 중요성을 무시한 탓이라고 주장합니다. 그러나 사실 학자들은 음악과 언어가 진화적으로 관련됨을 진작부터 알고 있었습니다. 일찍이 장 자크 루소가 『언어의 기원』(1781)에서 음악과 언어를 모두 다뤘고, 오토 예스페르센이 『언어의 발달Progress in Language』(1894)에서 "언어는 (……) 개인과 개별 사건에 대한 절반쯤은 음악적인 관용적 표현에서 시작되었다"고 천명했듯 말입니다.

실로 다양한 분야와 영역을 종횡무진 아우르는 저자의 신출귀몰한 능력이 부러우면서도 한 가지 아쉬움이 남습니다. 언어와 음악의 진화적 투쟁과 협력이 현재 진행형으로 발생하는 '살아 있는 화석' 같은 영역이 있는데도 스티븐 미슨은 그것을 지나쳤습니다. 그 영역은 바로 뮤지컬입니다. 『노래하는 네안데르탈인』에서 저자가 생고생을 해가며 추적해야만 했던 음악과 언어의 진화적 실마리가 뮤지컬에서는 대수롭지 않게 일상적으로 발생합니다. 성스루 뮤지컬sung-through musical*「지저스 크라이스트 슈퍼스타」에서 예수가 자신의 고뇌를 처절하게 토해내는 넘버 〈겟세마네〉**를 들으며 우리는, 언어와 음악이 여전히 샴쌍둥이처럼 붙어 있던 초기 기독교의 복음서 낭독 문학을 상상할 수 있습니다. 최초의 콘셉트 뮤지컬「카바레」에서 찰리 채플린의 이미지로 치장한 MC가 들려주는 오프닝 넘버 〈환영합니다Willkommen〉의 흥얼거림과 춤의 이면에는 그 어떤 언어로도 포착

---

* 연극적인 대사 없이 노래로만 진행되는 뮤지컬을 말한다. 이탈리아 오페라도 같은 형식이다.
** 가능한 한 스티브 발사모가 부른 버전으로 듣기를 권한다.

할 수 없는 파시즘의 위험과 위협을 관객들에게 생생하게 전달합니다. 무엇보다도 뮤지컬이라는 장르가 언어와 음악이 엮어낼 수 있는 다양한 스펙트럼에 따라 세부 장르를 형성한다는 사실만으로도 스티브 미슨이 뮤지컬을 본격적으로 연구하지 않았다는 사실은 참으로 안타깝습니다. 다만 그도 역시 음악과 언어의 중요한 진화적 메커니즘이 '노래'에 담겨 있다고 보기 때문에 추후 뮤지컬과 관련된 연구와 저서를 기대해 봅니다.

『노래하는 네안데르탈인』을 통해서, 언어와 음악이 벌이고 있는 진화적 투쟁과 협력이 '인간이 그리는 무늬'를 가장 역동적으로 보여주고 있음을 인정할 수 있다면 우리는 뮤지컬이 인문학과 관계 맺을 충분한 자격이 있음도 인정할 수 있을 것입니다. '인간의 무늬'를 생산하는 가장 기본적인 도구인 언어와 음악이 끊임없이 투쟁하고 협력하며 진화하는 공간이라는 점에서 뮤지컬은 인문학의 공간과 대상이 됩니다.

그런데 뮤지컬이 인문학과 만나는 방식이 언어와 음악이라는 형식적 요소들에 초점이 맞춰진다면 이때의 '뮤지컬'은 너무나 광범위한 장르가 될 것입니다. 언어와 음악이 씨줄과 날줄처럼 엮여 만들어진다는 의미의 뮤지컬은 '음악극'이라는 더 넓은 보편적 개념이기 때문입니다. 이탈리아 오페라, 독일의 뮤지컬 드라마, 프랑스의 레뷰, 우리 민족의 판소리까지 다 포함됩니다. 음악극은 인류 역사와 함께해 왔으니까요. 하지만 여기에서 다룰 뮤지컬과 뮤지컬 작품들은 분명 20세기 이후에 미국에서 만들어진 현대 뮤지컬극이지 보편적 개념의 음악극은 아닙니다. 결국 '인문학과 뮤지컬의 결합 가능성'을 주장하려면 언어와 음악 말고도 또 다른 요소를 탐색하지 않을 수 없습니다. 이 어려운 문제를 해결할 실마리를 『오페라의 두 번째 죽음』이라는 책에서 찾아볼 수 있습니다. 결론부터 말한다면 현대 뮤지컬은 '인간의 무늬'에 대한 심리적 거리를 유지하기 때문에 좀 더 차별적인 위치에서 인문학의 대상이 됩니다. 『오페라의 두 번째 죽음』은 슬로베니아의 정신분석학자이자 철학자인 믈라덴 돌라르와 슬라보예 지젝이 반반씩 함께 쓴 책입니다. 인문학, 특히 정신분석학의 관점에서 모차르트와 바그너의 오페라* 작품들에 나타난 죽음의 의미와 오페라의 시대적 맥락을 짚는 내용입니다.

지젝이 집필한 2부는 기존 자신의 저서들을 반복하는 느낌이 드는 반면, 돌라르가 모차르트에 관해 집필한 1부는 좀 더 오리지널한 저술입니다. 오페라와 현대 뮤지컬이 갈라지는 분기점을 잘 보여줍니다. 하지만 뮤지컬과 오페라를 조목조목 비교해 가며 그 차이점을 말하지는 않습니다. 이 책은 오페라에 대해서만 말합니다. 돌라르는 오페라가 푸치니의 죽음과 함께 20세기 초

---

* 바그너의 작품들은 오페라보다는 '뮤직드라마'로 부른다.

에 이미 사망 선고를 받았음을 지적하며* 오페라의 죽음은 20세기 초까지 오페라에 주어졌던 소임이 끝났음을 의미한다고 말합니다. 그 소임이란 근대의 시대정신과 이데올로기, 즉 근대를 살아간 인간들이 그려내던 무늬를 환상과 신화의 차원에서 보여주는 것이었습니다. 르네상스와 종교개혁 이후 절대왕정과 민족국가를 거치며 주류 세력으로 떠오른 특정한 계층을 옹호하는 이데올로기적 환상과 신화를 무대에 올리는 것이 바로 오페라의 소임이었습니다. 환상을 관찰하고 꼬장꼬장 지적질하는 소임이 있는 정신분석학이 등장하면서 오페라는 더 이상 뻔뻔하게 환상을 상연할 수 없었다는 것이 돌라르가 밝히는 오페라의 죽음의 배경입니다. 환상은 마치 환상이 아닌 듯이 보여야 가장 효과적이니까요.

> 세 세기에 걸쳐서 오페라는 신화적 공동체의 환상을 상연하기 위한 특권적 자리였으며, 이러한 공연 덕분에 "상상의 공동체"(……)는 "실제 공동체"로 흘러넘쳐 들어갔다. 처음에는 절대군주제를 지탱하는 환상으로서, 그리고 그다음에는 민족국가의 건국 신화로서 말이다. 궁정 오페라는 "국가 오페라"로 진화한 것이다. 신화적

---

* 마일스 데이비스의 죽음을 '재즈가 죽던 날'로 재치 있게 표현한 뉴스 기사도 같은 맥락이다.

공동체는 실제 공동체를 구성하는 데 필요한 그 한 알의 환상을 제공할 수 있었다. 그것의 대체물이나 신화적 반영으로서가 아니라 그것의 추동자로서 말이다.*

『오페라의 두 번째 죽음』이라는 제목은 '두 번째 죽음'이라는 정신분석학 용어를 모르면 그 의미를 이해하기 어렵습니다. 두 번째 죽음은 생물학적 죽음이 아닌 상징적 죽음입니다. 예를 들어 우리가 알고 있던 어떤 사람이 생물학적으로 죽으면 그 뒤에 그 사람이 우리 삶에서 어떤 존재였는지가 정리됩니다. 악인이었는지 선인이었는지, 사회에 도움이 되는 사람이었는지 존재감이 없던 평범한 사람이었는지 등이 타인들에 의해서 평가되고 정리되는 과정이 '두 번째 죽음'입니다.** 즉 『오페라의 두 번째 죽음』은 이미 20세기 초에 사망한 오페라가 우리 인간의 삶에 어떤 의미가 있었는지 장부 정리를 해주는 내용의 책입니다. 이 책의 저자들은 오페라가 생전에 근대의 시대정신과 이데올로기적 환상을 상연하는 도구로 살았음을 오페라의 비명 위에 새기는 작업을 한 것입니다. 저자들의 말처럼 정신분석학의 도래로

---

* 슬라보예 지젝·믈라덴 돌라르, 이성민 옮김, 『오페라의 두 번째 죽음』(민음사, 2010), 17-18쪽.
** 그렇다고 해서 상징적 죽음이 항상 생물학적 죽음보다 나중에 오는 것은 아니다. 지젝은 생물학적 죽음에 앞서는 상징적 죽음의 대표적인 예로 그리스 신화의 '안티고네'를 든다.

오페라가 죽음에 이르게 되었다면 정신분석학과 공존할 수 있는 음악극은 없을까요? 환상의 폭로 자체를 즐기며 살아갈 수 있는 음악극은 없을까요? 돌라르의 분석처럼 사망 직전의 오페라는 진작에 프로이트의 영향을 강하게 받고 있었습니다. 그러한 시대정신을 계승한 새로운 시대의 음악극이 바로 우리가 앞으로 이야기하려는 현대 뮤지컬극이라고 생각합니다. 오페라의 두 번째 죽음은 현대 뮤지컬의 첫 번째 삶이라는 필연적 산물을 낳았습니다. 인간이 그리는 무늬를 더 이상 특정한 계층의 환상과 신화로 치장할 수 없는 시대가 오자 인간의 무늬에 대해 공정한 거리를 유지할 수 있는 음악극을 요청한 것입니다.

    언어와 음악이 벌이는 진화의 전쟁터가 바로 뮤지컬이라는 사실만으로는 인문학을 운운하기에 아쉬웠다면, 우리는 이제 진정으로 뮤지컬에게 인문학을 짝지워 줄 수 있는 강력한 명분을 찾은 것 같습니다. 인간이 그리는 무늬 중에는 마주하기 불편해서 회피하고 싶은 진실도 있음을 떠벌리는 순간 뮤지컬은 비로소 인문학과 완전하게 만나게 됩니다.

제2장

록의 이름으로 써 내려간 20세기 에반게리온

「지저스 크라이스트 슈퍼스타」와 인간의 무늬

 교회를 다니든 안 다니든, 종교가 있든 없든, 신을 믿든 안 믿든, 우리 대부분은 예수 그리스도와 전혀 무관하게 실존하기는 어려운 세상에서 살고 있습니다.

 종교와 신앙이 비록 인간을 초월하는 지평에서 펼쳐지기는 하지만, 그 지평을 우리 인간과 접속하게 해주는 인터페이스는 물론 '인간이 그리는 무늬'입니다. 그런 의미에서 종교 또한 인문학의 대상이며, 종교적 인물을 다룬 「지저스 크라이스트 슈퍼스타」는 우리에게 훌륭한 인문학적 텍스트로 다가옵니다. 다만 종교와 신앙의 문제에서는 '교리'와 '율법'의 문제가 끼어듭니다. 인간의 무늬를 특정한 방식과 시각으로 접근하도록 강요하기도 하고 그에 거부할 경우에는 '이단'이라는 꼬리표를 붙이기도 합니다. 아마도 인류의 역사에서 종교 문제로 발생한 갈등과 폭력의 원인 대부분은 바로 이러한 교리와 율법의 개입일 겁니다.「지저스 크라이스트 슈퍼스타」또한 제작과 상연 과정에서 보수 기독교 단체의 강한 반발을 샀습니다.* 특히 신성한 예수 그리스도와 사도들이 하드록 샤우팅 창법으로 노래를 부른다거나 히피를 연상하는 이미지로 그려졌다는 것이 당시 기독교 근본주의자들이 분노한 지점입니다. 아니 더 정확하게는, 애매모호한 것으로 남겨야 할 신성한 삼위일체의 교리를 무시하고 예수 그리스도를 한 사람 '인간 예수'로 무대 위에 올리려 했다는 사실이 그들을 분노케 했습니다. 예수 그리스도를 한 인간으로 그리려는 '인간의 무늬'가 문제가 된 것입니다.

겉으로는 록과 히피 문화를 이유로 돌출된 갈등의 본질은, 기독교 신앙의 대상이 인간인 예수가 아니라 구세주 메시아인 그리스도, 즉 예수 그리스도(지저스 크라이스트)라는 사실에 있습니다. 우리는 보통 예수 그리스도라고 별 생각 없이 붙여서 부르지만 예수와 그리스도는 다른 의미에서 출발합니다. '예수'는 태어나고 죽어간 인간 존재에 붙여진 이름이고 '그리스도'는 로마에 의해 핍박받던 초기 기독교인들이 꿈꿔온 구세주(메시아)를 뜻합니다. 즉, 초기 기독교도들이 인간 예수를 그들을 구원해 줄 그리스도로 바라보았다는 신화적 태도가 바로 '예수 그

---

* 하지만 그러한 반발이 효과적인 노이즈 마케팅이 된 것도 사실이다.

리스도'라는 복합적 명칭의 의미입니다. 실존적으로는 예수가 인간과 메시아라는 분열적 존재일 수밖에 없다는 사태를 뜻하기도 합니다.

그런데 인간 배우들의 노래와 춤을 무대에 펼치는 뮤지컬 작품으로서 「지저스 크라이스트 슈퍼스타」의 양식적 한계는 뚜렷합니다. 어떤 방식으로든 무대에서 그려지는 것은 추상적인 그리스도가 아닌 구체적인 인간 예수입니다. 「지저스 크라이스트 슈퍼스타」는 미켈란젤로, 루벤스, 렘브란트의 작품처럼 '예수 그리스도'를 그려낼 수는 없습니다. 바흐의 「마태수난곡」이 성취한 인성과 신성의 오묘한 결합은 「지저스 크라이스트 슈퍼스타」로서는 불가능합니다.* 당시 20대 젊은 혈기의 앤드루 로이드 웨버와 팀 라이스가 의도적으로 기독교 보수 단체의 심기를 건드리려 했는지 여부는 알 수 없습니다. 다만 그들이 무대 위에 뮤지컬극의 형식으로 예수 그리스도를 올리려고 결심한 이상, 예수와 그리스도의 분열은 불가피했을 것입니다. 게다가 앞서 소개글에서도 밝혔듯이 「지저스 크라이스트 슈퍼스타」의 제작 배경에는 진보적인 성공회** 주교들의 의견이 크게 작용했습니다.

---

* 바흐가 의뢰받은 수난곡 작곡의 중요한 조건은 '오페라 절대 금지'였다. 인간 배우가 등장하는 무대 예술인 오페라에서 삼위일체를 표현하는 것은 역시 어려운 일이었을 것이다.

** 영국에서 시작한 성공회는 교파마다 차이는 있지만 가톨릭이나 다른 개신교

작곡가 앤드루 로이드 웨버.(출처: 위키피디아)

그런데 그들의 의도가 정확히 무엇이었든 간에 진보적인 성공회 주교들의 참여는 성공회 특유의 리버럴한 분위기를 첨가한 것에서 그치지 않고 20세기 이후 기독교 성서 연구에서 차분하게 축적된 새로운 흐름, 즉 새로운 '무늬'를 「지저스 크라이스트 슈퍼스타」의 핵심에 풀어놓는 결과를 가져왔을 것입니다. 그것은 바로 그리스도라는 신화적 덧칠에 선행하는 인간 예수를 알고자

에 비해서 교리와 율법에 대해서 비교적 자유롭다고 한다.

하는 움직임입니다.

이쯤에서 정리해 보겠습니다. 이번 장에서는 '인간 예수'라고 하는 20세기 기독교 성서 연구의 큰 흐름이, 1970년대 초 뮤지컬 작품인 「지저스 크라이스트 슈퍼스타」에서도 의도치 않게 배어 나오고 있음을 주장하려 합니다. 그리고 매우 다행스럽게도 이러한 어려운 문제의식을 안내해 줄 훌륭한 인문학 저서들이 있습니다. 도올 김용옥 선생의 기독교 성서 연구서들인 『기독교 성서의 이해』, 『요한복음 강해』, 『도올의 도마복음 이야기』를 길잡이 삼아 「지저스 크라이스트 슈퍼스타」와 20세기 성서 연구의 큰 줄기가 합류하는 지점을 추적하고자 합니다.

도올 선생은 불교와 기독교를 공통된 문명사적 지평에 두고 함께 바라보는 연구 자세로 유명합니다. 앞에서 말씀드린 '예수 그리스도'라는 기독교 특유의 분열적 긴장 관계를 색신과 법신이라는 불교 용어로 쉽게 설명하시기도 합니다. 인간 예수와 석가모니 부처는 이른바 '색신色身'에 해당하고, 그리스도와 추상적 부처는 '법신法身'에 해당합니다. 기독교와는 달리 불교는 이러한 분열적 긴장 관계를 해결하기 위해서 색신과 법신을 완전히 분리해 버렸습니다. 이러한 지평 위에 색신과 법신이 각자의 영역에서 발전해 나갈 수 있었습니다. 하지만 기독교에서는 이런 깔끔한 분리가 불가능했습니다. 신약 정경 27서가 모습을 보인 4세기 이후부터 예수와 그리스도의 분열적 해석은 금지되었고 오늘날까지 기독교의 강력한 교리로 이어졌습니다.* 그로부터 약 1600년이 지난 1945년 이집트 나일강 인근의 나그함마디라는 작은 농촌에서 몇몇 아이들이 우연히 찾아낸 항아리에서 우여곡절 끝에 나중에 나그함마디 라이브러리라고 이름 붙여진 파피루스 문헌들이 발견됩니다. 이후 이어진 많은 학자들의 연구 덕택에 이 자료들은 4세기 신약 정경 발표 이전까지 초기 기독교에서 자유롭게 공유되던 '인간 예수'에 대한 다양한 전승 자료라는 사실이 밝혀집니다. 그리스도라는 신화적 존재(법신)가 착색되기 전의 인간 예수(색신)의 영역에서도 기독교는 얼마든지 풍성하고 가치 있는 '무늬'를 그려내고 있었다는 역사적 사실을 나그함마디 라이브러리는 증언하고 있었습니다.

김용옥 선생은 나그함마디 라이브러리라는 고고학적 성과를 기반으로 기존의 복음서들을 새롭게 바라보면서, '메시아의 부활'이라는 신화적 소산을 걷어낸 인간 예수의 정직한 모습을 재구성할 때 기독교는 더 기독교다워질 수 있다고 주장합니다.

선생에 따르면, 오히려 신화적 상상의 소산으로 예수를 본다면 초기 기독교의 형성사를 정직하게 설명할 수 없습니다. "소아시아로부터 팔레스타인을 거쳐 이집트에 이르는 광범위한 초기 기독교 운동의 저변에는 신화적 존재가 아닌, 확고한 역사적 인

---

* 김용옥, 『도올의 도마복음 이야기 1』(통나무, 2008), 221쪽.

물이 자리 잡고" 있기 때문입니다. 그렇기 때문에 예수는 결코 '신화 운동의 한 소산'으로 간주될 수 없고, 오히려 그 같은 신화적 요소를 걷어낼 때 '진정한 기독교'가 될 수 있다는 것입니다.*

　김용옥 선생의 입장은 명확합니다. 신약 정경의 복음서들은 인간 예수를 그리스도 신앙으로 전환하는 과정에서 만들어진 '드라마'라는 것입니다. 드라마라는 양식으로 기술된 내용들은 사실과 검증의 대상으로 바라보아서는 안 되며, 복음서라는 드라마 속에서 인간 예수의 정직한 모습들을 건져 올릴수록 기독교의 참다운 가치가 드러난다는 주장입니다. 그리고 복음서 드라마에 감춰진 역사적 예수를 추적하는 중요한 실마리가 바로 나그함마디 라이브러리라는 것입니다. 축적된 성서 신학의 연구 덕분에 복음서의 중요한 구조가 밝혀집니다. 복음서에는 예수를 주인공으로 하는 내러티브(드라마)뿐 아니라, 내러티브적 성격과는 무관한 예수의 순수한 말씀으로만 구성된 말씀집(로기온)** 도 포함되어 있었습니다. 그런데 복음서에 맥락 없이 등장하는 말씀집들의 원형이 바로 나그함마디 라이브러리라는 것이 밝혀집니다. 이러한 문헌학적 연구 성과를 바탕으로, 우리가 지금 읽고 있는 신약 성서에서 역사적 예수의 정직한 모습을 발견해 내

---

*　김용옥, 같은 책, 224쪽.
**　공관복음서 속의 로기온을 보통 'Q자료'라고 부른다.

자는 것이 김용옥 선생의 문제의식입니다.

비록 나그함마디 라이브러리라는 고고학적 성과를 지렛대로 삼긴 했지만, 김용옥 선생의 연구는 기존 신약 성서의 복음서들에 대한 왜곡이나 거부 없이 이루어졌다는 점에서 큰 의미가 있습니다. 출발점은 다르긴 하지만 「지저스 크라이스트 슈퍼스타」 또한 기존의 복음서라는 틀에서 인간 예수를 그려내고 있다는 점을 주목해야 합니다. 「지저스 크라이스트 슈퍼스타」의 내러티브는 4복음서를 적절하게 재구성한 것으로 보입니다. 최고 히트 넘버 〈겟세마네Gethsemane(I Only Want To Say)〉의 뼈대는 「마가복음」, 「마태복음」, 「누가복음」에 공통적으로 등장하는 겟세마네 동산의 마지막 기도에서 가져왔습니다. "네가 유대인의 왕이냐?"라는 빌라도의 심문에 맞서 "'왕'이라는 것은 네 말이지 내 말이 아니다! 나는 오로지 진리를 증언하기 위해서 이 세상에 왔다"며 당당히 하느님 나라를 선포하는 넘버 〈빌라도와 그리스도Pilate And Christ〉는 「요한복음」의 백미입니다. 십자가에 못박히는 장면을 그리는 넘버인 〈십자가형Crucifixion〉은 4복음서에 공통적으로 등장하는 내용이지만 그 참혹한 슬픔은 「마가복음」이 원형이라고 생각됩니다.* 마리아와 사도들이 예수의 시신을 십자

---

* 김용옥, 『도올 김용옥의 금강경 강해』(통나무, 2017), 177쪽. "내가 항상 읽으면서 눈물을 흘리는 성경의 한 구절이 있다. 원형에 가까운 「마가복음」을 선택한다. (……) 엘리 엘리 라마 사박다니 하시니 이를 번역하면 나의 하나님,

가에서 내리며 흐느끼는 장면에서 깔리는 현악 연주인 〈요한복음 19장 41절John Nineteen: Forty One 〉은 제목에 아예 대놓고 적었습니다.*

메시아 신화를 드리우고 있는 복음서의 두리뭉실한 드라마틀 속에서, 「지저스 크라이스트 슈퍼스타」가 인간적 예수를 그린다는 것이 가능하기나 할까요? 적어도 김용옥 선생을 비롯한 성서 신학적 입장에서는 매우 어려운 일입니다.

선생에 따르면 복음서마다 예수는 전혀 다른 모습으로 그려집니다. 즉, "마태복음의 예수와, 마가복음의 예수와, 누가복음의 예수와, 요한복음의 예수가 서로 전혀 다른 것"이며, 그 각각은 전혀 다른 인물이라고 말할 수 있을 정도라는 것입니다. 그리고 이런 차이에도 불구하고 기독교인들의 머릿속에서 예수는 "그 모든 것이 두루뭉실 하나로 짬뽕된 예수"로 그려지고는 합니다. 그렇기 때문에 선생의 입장에서 본다면 기존의 복음서라는 틀에 기대 인간적 예수를 그려내기란 극히 어려운 일일 수밖에 없습니다.**

그럼에도 불구하고 「지저스 크라이스트 슈퍼스타」가 인간 예

나의 하나님, 어찌하여 나를 버리셨나이까……"(「마가복음」 15장 33-34절).

* "예수께서 십자가에 못 박히신 곳에 동산이 있고 동산 안에 아직 사람을 장사한 일이 없는 새 무덤이 있는지라."(「요한복음」 19장 41절)
** 김용옥, 『도올의 도마복음 이야기 1』, 238쪽.

(위) 뮤지컬 「지저스 크라이스트 슈퍼스타」의 한 장면.(출처: 위키피디아)
(아래) 뮤지컬 「지저스 크라이스트 슈퍼스타」의 라디오 음악 방송 광고.(출처: 위키피디아)

현대 뮤지컬극은 언어와 노래라는 강력한 인문적 도구를 자유롭게 변주하며 환상과 신화에 대한 거리두기까지 가능한 장르입니다. 신화적 드라마의 틀 속에서 신화를 객관적으로 횡단할 수 있다는 이러한 발상은 단순한 말장난일까요?

수를 성공적으로 그렸다고 감히 주장할 수 있는 근거는, 앞서도 밝혔듯이 이 작품이 뮤지컬이라는 무대 예술이기 때문입니다. 그리고 서론과 1장에서 논증했듯이 현대 뮤지컬극은 언어와 노래라는 강력한 인문적 도구를 자유롭게 변주하며 환상과 신화에 대한 거리두기까지 가능한 장르입니다. 신화적 드라마의 틀 속에서 신화를 객관적으로 횡단할 수 있다는 이러한 발상은 단순한 말장난일까요?

좀 더 확인해 보겠습니다. 일단 「지저스 크라이스트 슈퍼스타」에는 메시아인 그리스도를 강조하는 4복음서에 해당하는 장면들이 거의 없습니다. 즉 그러한 틈을 주지 않습니다. 「지저스 크라이스트 슈퍼스타」는 복음서들에 공통적으로 등장하는 예수의 탄생과 족보, 세례 요한, 이적 행위에 관한 에피소드들은 과감하게 버립니다. 복음서의 틀을 가져오긴 하지만 너무 뻔히 비현실적인 요소들은 일부러 배제하는 모습을 보입니다. 오직 십자가에 못 박히기까지 일주일 간의 이야기를 긴박하게 그려내기 위해서 예수와 갈등 중인 유다가 부르는 넘버 〈마음속의 천국 Heaven on Their Minds〉으로 바로 시작합니다. 유다는 이미 예수가 시대와 불화함을 경고하고 마음 아파합니다. 하느님의 나라를 선포한 인간 예수의 천국 운동이 당시 유대인들에게는 로마의 점령으로부터 자신들을 구원해 줄 메시아라는 신화적 소산으로 이미 변질했음을, 그리고 그러한 긴장은 언젠가는 폭발할 것임을 걱정합니다. 이러한 예수 운동의 변질을 단적으로 표현하는 가사들은 이 노래 곳곳에―"당신의 말보다 당신이 더 문제 되기 시작했어요", "그들은 새로운 구원자를 찾았다고 생각해요. 잘못됐다는 걸 알면 당신을 해칠 거예요"―등장합니다. 물론 유다도 로마로부터의 독립이라는 민족적 목표를 갖고 있지만 그것은 어디까지나 현실적인 차원에서 예수의 사회적 영향력과 구심점 역할에 기반을 둔 것입니다. 하지만 군중들은 같은 목표를 메시아라는 신화적 차원에서 예수에게 덧씌우고 있었고 유다는 이 점을 걱정한 것입니다.* 어쩌면 「지저스 크라이스트 슈퍼스타」의 실질적 주인공이라 할 수 있는 유다가 부르는 노래들은 「지저스 크라이스트 슈퍼스타」가 신약의 4복음서보다는 더 근원적인 예수의 이야기를 그리는 복음서임을 암시합니다. 마치 나그함마디 라이브러리의 핵심인 「도마복음」처럼 말이죠.

> 상기 나열한 (나그함마디 라이브러리) 52서 중에서 가장 소중한 문헌을 나보고 하나 뽑으라고 한다면 도마복음서 1서를 주저없이 선택할 것이다. 도마복음서는 현 우리가 알고 있는 4복음서의 형성 과정을 정확하게 알려 줄 수 있는 많은 생각의 실마리와 기준을 제공하는 순수한 예수의 말씀집이다. 그것은 내러티브가 없는 114개

---

* 이 점에서 유다는 프로이트 정신분석학의 쾌락 원칙과 현실 원칙을 대변한다.

의 로기온(말씀집)이다.*

4복음서 이전에 순수한 말씀들로 이어져온 오리지널한 인간 예수의 운동들이 있었다는 사실은 「지저스 크라이스트 슈퍼스타」의 또 다른 유다의 노래들에서도 계속해서 암시됩니다. 오페라의 라이트모티브처럼 유다가 부르는 노래들에는 예수를 책망하는 가사가 같은 멜로디를 통해 반복됩니다. 최후의 만찬에서 예수와 심각하게 충돌한 이후, 심지어 자책하고 목매달아 죽은 이후에도 유다는 부활하여 나타나 계속 예수를 책망하며 울부짖습니다. "당신을 볼 때마다 답답해 죽겠어요. 왜 공든 탑을 허물어 버리나요? 계획적으로 처리했다면 좀 더 잘되지 않았을까요? 궁금해요. 누굴 위한 희생이죠? 부처도 무함마드도 하지 않은 짓**을 할 건가요? 그래서 기록 세우게요? 아, 오해는 마세요. 그냥 궁금해서 물어보는 거예요." 지옥에서 돌아오기까지 하여 깐족대는 유다의 노래는, 역설적으로 메시아론에 물들지 않은 오리지널한 예수 운동이 있었음을 암시합니다. 그 운동은 유다가 보기에 잘 관리하고 계획적으로 처리했으면 무너지지 않았을 공든 탑이었습니다. 우매한 대중의 메시아론에 휩쓸려 허망하게 죽게 된 예수를 지옥에서도 가슴 아파한 사람은 바로 유다였습니다.

---

* 김용옥, 『기독교 성서의 이해』(통나무, 2007), 466쪽.
** 박해받아 처참하게 죽는 것을 말한다.

좀 작은 부분이어서 대수롭지 않게 넘어갈 수 있지만, 빌라도와 예수 사이의 인간적 교감도 「지저스 크라이스트 슈퍼스타」가 인간적인 예수를 그리고 있는 또 다른 지점입니다. 예수가 부르는 넘버 〈가엾은 예루살렘Poor Jerusalem〉, 그 직후에 바로 이어지는 빌라도의 넘버 〈빌라도의 꿈Pilate's Dream〉은 같은 멜로디의 노래입니다. '죽음을 정복하려거든 죽을 수밖에 없으니'라며 자신의 죽음을 예감하는 예수와, 박해받는 예수가 끝내는 자신의 손에 죽임을 당한다는* 예지몽에 씁쓸해하는 빌라도의 처연한 읊조림은 묘한 동기화**를 이루며 후반부 예수의 처형 장면에서 빌라도의 고뇌가 폭발하는 지점으로 이어집니다. 예수를 죽이라며 소리 지르는 대중의 광기가 겨우 당시에 흔해 빠진 구세주 신화에 대한 배신감 때문이라는 것을 잘 알고 있던 빌라도는 충분히 이성적인 사람이었고, 그럼에도 죽음을 향해 돌진하는 인간 예수의 행동에 화가 날 지경이었습니다. 이는 유다의 문제의식과 크게 다르지 않았습니다. 「지저스 크라이스트 슈퍼스타」는 빌라도의 심문, 채찍질, 판결 장면들을 위한 내러티브를 기존의 복음서에서 골고루 가져오지만 고뇌하는 빌라도를 그리는 방식은 분명 새롭습니다. 39번의 모진 채찍질 끝에 신음하는 예수를 끌

---

* 로마의 식민지인 예루살렘에서 사형 권한은 로마 총독인 빌라도에게만 있었다.
** 막달라 마리아의 넘버 〈어떻게 그를 사랑해야 하나 Don't Know How to Love Him〉의 멜로디를 유다도 부른다는 점은 같은 맥락에서 생각할 수 있다.

어안은 빌라도의 손은 예수의 피로 흥건해집니다. 예수의 억울한 죽음에 관여하고 싶지 않은 빌라도가 자신의 손에 묻은 예수의 피를 물로 씻어내며* 내뱉는 절규는 분명 앞서 나온 빌라도의 넘버 〈빌라도의 꿈〉에서 이어지는 정서입니다. "나는 너를 파괴한 나의 손을 씻는다. 원한다면 죽어라. 너는 죄 없는 꼭두각시다." '죄 없는 꼭두각시'라는 가사를 통해 빌라도는 인간 예수에게 덧씌워진 메시아 신화의 허망함과 자신이 그것에 관여하게 된 슬픔을 극적으로 보여줍니다. 분명 이 장면은 「마태복음」에서 원형을 가져왔지만 「마태복음」은 「지저스 크라이스트 슈퍼스타」에서 나타나는 빌라도의 고뇌와 슬픔에는 관심이 없습니다.**

「지저스 크라이스트 슈퍼스타」가 우리에게 인간적 예수를 보여주려 가장 많이 노력한 지점은 당연하게도 예수의 모습과 노래입니다. 복음서에서 예수는 자신이 메시아임을 끊임없이 되뇌이고, 부활과 재림이라는 최종 이벤트를 향해 묵묵히 걸어가는 데 반해 「지저스 크라이스트 슈퍼스타」의 예수는 메시아라는 말은 꺼내지도 않으며 오히려 자신의 죽음에 대해서 억울해하고 하느님에게 징징대기까지 합니다. 수많은 뮤지컬 배우들을 좌절

---

* 공연 버전에 따라 손을 씻는 행동은 생략되기도 한다.
** 「마태복음」 27장 24절: "빌라도가 아무 성과도 없이 도리어 민란이 나려는 것을 보고 물을 가져다가 무리 앞에서 손을 씻으며 이르되 이 사람의 피에 대하여 나는 무죄하니 너희가 당하라."

하게 만든 3옥타브 '솔'*이 등장하는 넘버 〈겟세마네〉에서 인간 예수의 분노는 극에 달합니다. "왜 내가 죽어야 합니까? 하느님 당신의 의지는 알기 어렵습니다. 모든 카드를 당신께서 쥐고 계시니 당신의 독배는 제가 마시죠. 당장 나를 데려가세요. 내 맘이 변하기 전에." 물론 〈겟세마네〉의 가사는 기존 복음서의 정서대로 예수가 자신이 메시아임을 최종적으로 받아들이는 과정으로 해석할 수도 있으며 그렇게 보는 시각이 편한 분들도 많으실 겁니다. 하지만 저는 이 노래를 예수가 자신에게 드리워진 메시아 신화에 대해 분노하고 이에 당당히 맞서는 최종적인 방법은 죽음뿐임을 깨닫는 과정으로 보고 싶습니다. 게다가 마지막으로 '내 맘이 변하기 전에'라며 너무나 인간적인 실존적 불안의 꼬리표까지 덧붙입니다. 겟세마네 동산의 고뇌에 찬 기도 장면이 특히 「요한복음」에서는 딱 한 절에서만 겟세마네라는 지명도 등장하지 않은 채 간략하게 다루어지고 있다는 문헌적 사실도 주목

---

* 3옥타브 솔은 「지저스 크라이스트 슈퍼스타」가 뮤지컬 작품으로 만들어지기 전에 최초로 선을 보인 음악 앨범에서 예수 역을 맡은 하드록 보컬리스트 이언 길런 특유의 창법 버릇 때문에 발생했다. 작곡가인 앤드루 로이드 웨버조차도 특별히 3옥타브 솔을 내야 한다고 정하지 않았다. 하지만 이언 길런의 이런 버릇 때문에 이후에 예수 역을 맡은 뮤지컬 배우들은 '죽음을 맛보았을' 뿐 아니라 3옥타브 솔을 부를 수 있는지 여부가 마치 예수 역을 맡을 수 있는 자격처럼 변질된다.

할 만합니다.* 「요한복음」을 제외한 3복음서(공관복음서)에서는 공통적으로 죽음의 잔을 피할 수만 있다면 피하고 싶다는 예수의 인간적 모습이 그려지지만, 종말론적 그리스도론을 가장 강력하게 제시하는 「요한복음」의 입장에서는 〈겟세마네〉의 가사에서 보이는 인간적 고뇌가 너무나 구차했을 겁니다. 복음서의 끝판왕이라 할 만한 「요한복음」으로 갈수록 겟세마네 동산의 기도 장면이 인간 예수가 아닌 그리스도라는 추상적 '법신'을 드러내는 방향으로 흐르고 있다는 문헌적 사실로 볼 때도 「지저스 크라이스트 슈퍼스타」가 신약 정경의 정서를 거슬러 인간적 예수를 그리려 했다는 혐의는 짙다고 할 수 있습니다.

「지저스 크라이스트 슈퍼스타」가 예수의 인간적 모습을 부각하려는 의지는 뭐니 뭐니 해도 마지막 십자가 장면에서 가장 강력하게 드러납니다. 역시나 이 장면도 기본적인 골격은 4복음서들에서 가져옵니다. 그런데 「지저스 크라이스트 슈퍼스타」는 복음서들이 최종적으로 목표한 '부활'에 대한 묘사가 없습니다. 뮤지컬의 마지막 넘버는 앞서 말씀드린 대로 〈요한복음 19장 41절〉이라는 현악 연주입니다. "예수께서 십자가에 못 박히신 곳에 동산이 있고 동산 안에 아직 사람을 장사한 일이 없는 새 무덤이 있

---

* 「요한복음」 18장 11절: "예수께서 베드로더러 이르시되 칼을 칼집에 꽂으라. 아버지께서 주신 잔을 내가 마시지 아니하겠느냐 하시니라."

는지라."앤드루 로이드 웨버가「요한복음」19장 41절을 이토록 슬픈 선율로 표현할지「요한복음」의 저자는 상상도 못했을 겁니다. 당당히 독배를 들고 십자가에 걸리신 예수의 시신을 마리아와 사도들이 내리며 오열하는 마지막 장면은 이제 초기 기독교의 성립이 임박했음을, 그리고 그 임박에는 부활이나 재림 따위의 신화적 덧칠 없이 인간 예수의 당당한 죽음만으로도 충분했음을 힘주어 말하고 있습니다.*

20세기 기독교 성서 연구와「지저스 크라이스트 슈퍼스타」는 분명 '인간 예수'라는 공통된 '무늬'를 그리고 있지만 정반대의 방식으로 그리고 있습니다. 지금까지 살펴본 대로 성서 연구자들은 복음서에서 드라마적 요소를 양식(樣式)적 허구로 배제한

---

* 1973년 노먼 주이슨 감독이 연출한 영화 버전「지저스 크라이스트 슈퍼스타」의 마지막 장면을 가만히 음미하고 있노라면「지저스 크라이스트 슈퍼스타」가 예수의 부활을 의도적으로 모호하게 다루지 않았을까 하는 의심을 하게 된다. 영화의 시작은 배우와 스태프들을 태운 버스가 촬영장에 도착하는 것으로 시작한다. 즉 영화는 이것이 영화임을 알려준다. 예수 역을 맡은 테드 닐리, 유다 역을 맡은 칼 앤더슨을 비롯한 모든 배우들이 촬영 준비에 여념이 없다. 그렇게 시작한 영화는「요한복음」19장 41절의 구슬픈 선율을 배경으로 마지막 장면이 끝난다. 영화의 시작 때 그랬던 것처럼 배우와 스태프들은 주섬주섬 짐을 챙겨 버스에 오른다. 유다 역의 칼 앤더슨이 주저하듯 마지막으로 버스에 오르고 버스가 출발하는데도 예수 역의 테드 닐리는 보이지 않는다. 그저 석양을 배경으로 텅 빈 십자가 밑에 누군지 모를 사람의 실루엣이 터벅터벅 걷고 있는 모습으로 영화는 끝난다.

후 인간 예수의 말씀 기록만 사실의 대상으로 추출했습니다. 반면 「지저스 크라이스트 슈퍼스타」는 현대 성서 연구자들이 허구라고 간주한 복음서 드라마를 뮤지컬극 특유의 양식에 맞춰 무대 위에 재구성하는 과정에서 인간 예수의 윤곽을 만들어냈습니다. 20세기의 성서 연구와 1970년대 초의 뮤지컬극 「지저스 크라이스트 슈퍼스타」는 분야와 방식은 달랐지만, 인간 예수의 정직한 모습에 다가가고자 한 인간의 열망이었습니다. 나의 하느님, 나의 하느님! 어찌하여 나를 버리시나이까?

나는 이 구절에서 항상 눈물을 흘린다. 왜냐? 나는 한 인간의 소름 끼치는, 절망의 심연에서 우러나오는 울부짖음을 듣기 때문이다. 『성서』를 해석하는 그 어느 누구도 이 구절을 정직하게 해석하는 자들이 없다. 성서의 기자들이 이것을 기록했다고 하는 이 사실이야말로 성서 기자들의 위대한 대승 정신인 것이다.*

---

* 김용옥, 『도올 김용옥의 금강경 강해』, 178쪽.

작품 해설

「지저스 크라이스트 슈퍼스타」
'내가 왜 죽어야 합니까'

성경 영화를 즐겨 보는 이유는 나이를 한 살 한 살 먹어감에 따라 특별하게 기억에 남는 장면들과 대사들이 매번 달라지는 색다른 경험 때문입니다. 어떤 이에게는 생텍쥐페리의 「어린왕자」가, 어떤 이에게는 르네 마그리트 René Magritte의 그림이 그렇다면, 나에게는 성경을 모티브로 한 영화가 그렇습니다. 아마도 그것은 성경에 다양한 상징이 존재하기 때문일 것입니다. 이 상징성은 개인의 경험 또는 이해도에 따라 그 깊이와 범의가 다르게 다가옵니다. 그래서인지 「지저스 크라이스트 슈퍼스타」는 시간을 두고 처음보다 두 번, 두 번보다는 세 번 보았을 때 그 진가를 알게 되는 작품 중에 하나입니다. 세계에서 가장 많은 판매 부수를 자랑하는 베스트셀러가 『성경』입니다. 하지만 아쉽게도 그만큼 다양한 해석이 난무하는 게 현실이기도 합니다. 물론 개인의 욕구와 이익을 위해 제멋대로 해석하는 경우를 제외하고, 종교의 뿌리를 건드리거나 왜곡하지 않는 선에서 예술을 통한 다양한 해석은 얼마든지 가능합니다. 그것이 예술만이 누릴 수 있는 특권이겠지요.

「지저스 크라이스 슈퍼스타」를 작곡한 앤드루 로이드 웨버는 기존의 브로드웨이 뮤지컬과는 다른 색깔의 작품들을 다수 탄생시켰습니다. 새로운 도전을 통해 사랑, 화해, 배신, 우정 등의 관념적인 주제들을 삶의 철학으로 내걸었습니다. 드라마와 완성도 높은 음악 그리고 스펙터클한 무대를 통해 관객들을 화려한 뮤지컬의 환상의 세계에 빠지게 만들었습니다. 비록 그가 만든 모든 작품이 기대에 부응할 만큼 성공하지는 않았지만, 지금까지 최장기 공연되고 있는 「지저스 크라이스트 슈퍼스타」를 시작으로 「에비타」, 「캣츠」, 「오페라의 유령」 등의 작품은 시대가 지나도 여전히 명작이라고 불릴 정도로 세계적으로 많은 사랑을 받고 있습니다. 그중 그의 두 번째 작품인 「지저스 크라이스트 슈퍼스타」는 성경에 대한 파격적인 해석을 바탕으로 세련된 록 오페라 음악과 함께 혁신적인 연출을 시도합니다. 그 진가는 세계 30여 개 나라에서 절찬리 공연되었다는 점과 함께 2012년 웨스트엔스 초연 40주년을 기념하기 위한 '아레나 투어' 공연에서 증명됩니다.

이 작품은 4복음서 중 예수가 예루살렘에 들어가기 하루 전부터 십자가에 못 박혀 죽는 날까지, 생애 마지막 일주일간의 행적을 담았습니다. 예수와 유다의 관계를 정치적 투쟁 관계로 봄으로써, 기존과는 차별화된 시선을 갖습니다.

먼저 예수는 그리스도 이전에 인간이라는 설정에서 출발합니다. 예수는 예정되어 있는 자신의 운명을 불안해하며, 신의 계획을 쉽사리 받아들이지 못합니다. 자신의 병을 낫게 해주길 갈구하는 나병 환자에게 짜증을 내기도 하고, 천한 신분인 마리아에게서 위안을 얻습니다. 또 예수가 십자가에 못박혀 죽는 장면을 끝으로, 부활 장면과 연결되지 않은 채 〈요한복음 19장 41절〉로 막을 내립니다. 반대로 유다는 은 30냥이라는 돈을 받기 위함이 아닌, 신의 계획을 완성하기 위해 희생당하는 인물로 예수를 배신하게 됩니다. 결국 로마군에게 예수를 넘긴 것에 고통스러워하며 자살을 선택합니다. 그리고 이 모든 것이 신의 계획 안에 있었다고 이야기합니다. 이런 새로운 시선은 우리에게 다른 무언가를 창조할 수 있는 힘을 전하며, 성경 인물에 대한 또 다른 시각으로 예수의 고통스러운 행적을 더 깊이 있게 이해할 수 있는 길을 연 셈이죠.

이런 인물 설정과 더불어 무대 연출은 뮤지컬이 무엇으로든 변화할 수 있음을 실감하게 해줍니다. 무대에서 카메라와 조명을 든 기자들이 십자가를 이고 지나가는 예수를 찍습니다. 음악 〈성전 The Temple〉에서는 마약, 무기 판매, 매춘으로 아수라장이 된 성전을 클럽으로 연상시키며 흥청망청 즐기는 군중들에게 분노하는 예수의 모습을 그려냅니다. 게다가 음악에 사용된 사이키델릭 록 Psychedelic Rock으로 흐느끼듯 몽환적이면서도, 어지러운 듯한 분위기를 연출하여 예수의 마지막 7일 동안의 행적에 대한 성스러운 분위기와는 또 다른, 현대적인 감각으로 시대를 넘나들 수 있는 드라마로 확장했습니다. 이 작품을 작곡한 앤드루 로이드 웨버가 1970년대의 기존 세대에 반항하는 히피 정서인 록 오페라 장르를 선택한 것은 기존의 관념들을 부수고 새로운 세상을 바라보고자 하는 도전 정신 때문입니다. 미국은 1950년대 경제적 안정을 이루면서 계층 간에 보이지 않는 간격이 발생했습니다. 산업의 발달로 중산층은 부를 통해 경제적 만족감을 느꼈지만 하층민과 흑인들은 갈수록 빈곤한 생활과 불평등에서 벗어나지 못하면서 계층 갈등은 최고조에 이릅니다. 또 젊은 청년들은 기성세대가 이루어놓은 사회의 풍요함이 자신들의 자유를 억압한다고 여겼고, 이것이 히피 문화로 연결되면서 인권운동, 반전, 평화주의, 페미니즘 등 다양한 사회운동으로 번지게 됩니다.

이렇게 세상에 대한 갈증을 대변하는 록의 정신과 함께 「지저스 크라이스트 슈퍼스타」는 인간 내면에 일어나는 불안, 의심, 좌절, 근심, 배신, 분노, 사랑의 감정을 음악에 담아냅니다. 예수는 신성불가침의 존재가 아닌 인간적인 모습으로, 〈무슨 일이야What's the Buzz〉에서 추종자들에게 지쳐 다소 신경질적인 모습을 보이지만, 거리의 여자 마리아에게서 다른 이에게 얻을 수 없는 위로를 받습니다. 〈성전〉에서는 환락에 빠져 세상의 유혹에 넘어간 이들에게 분노하면서도, 구원을 원하며 자신에게 달려드는 나병 환자들에게 지쳤음을 노래하며 인간적인 면을 강조합니다. 〈겟세마네〉에서 예수는 자신의 죽음에 대한 확신이 사라졌음을 고백합니다. 결국 죽어야 한다면 자신의 죽음이 헛되지 않다는 것을 증명해 달라고 항의하지만, 비로소 십자가에 못 박혀 죽음으로써 이 모든 것을 이룰 수 있게 된다는 뜻을 받아들입니다. 하지만 인간인 예수는 하나님의 이러한 계획에 분노하고 고통스러워합니다. 결국 예수는 〈십자가형〉으로 예정된 하나님의 뜻을 받아들입니다.

한편 유다는 배신자가 아닌 이성적이고 논리적인 희생양의 모습으로 〈마음속의 천국〉에서 예수에게 왜곡된 이야기만 전하고 있다고 비판하고 이상만 좇는 예수 추종자들을 향해 분노합니다. 동시에 자신과 예수에게 벌어질 일들을 예견하며 걱정하는데, 예수에 대한 그만의 각별한 사랑이 느껴지기도 합니다. 예수에 대한 진심은 예수를 배신하고 난 후 마리아가 불렀던 〈어떻게 그를 사랑해야 하나〉를 변주하여 부르면서 그 깊이가 더해집니다. 하지만 〈이상한 일Strange Thing, Mystifying〉에서 마리아에게서 안식을 찾는 예수의 행동과 사람들에게 전하는 예수의 말이 일치하지 않는다고 비난합니다. 또 그런 모습은 적대적인 자들에게 약점만 잡힐 뿐이라며 예수를 조롱하죠. 이에 예수는 "너희들 중 누가 그녀를 경멸할 자격이 있느냐"며 노여워합니다. 신과 인간의 모습을 모두 지닌 예수에게 유다는 대항하지 못합니다. 〈마지막 만찬The Last Supper〉에서는 앞으로 벌어질 예수의 죽음을 두고 예수와 유다 사이에 충돌이 일어납니다. 베드로와 유다의 배신에 대하여 예수는 인간적으로 괴로워하는 반면 유다는 예수가 죽게 될 최후를 생각하며 괴로워하게 됩니다. 이어지는 〈유다의 죽음Juda's Death〉에서는 로마군에게 예수를 넘긴 것을 자책하며 결국 스스로 목숨을 끊습니다. 하지만 〈슈퍼스타Super Star〉에서 죽음을 앞둔 예수 앞에 영으로 다시 나타나 예수는 왜 이렇게밖에 죽을 수 없는 건지, 이게 정녕 신의 뜻인지 묻습니다. 이 곡은 특히나 슈퍼스타라는 단어 자체뿐만 아니라, 화려한 의상과 무대와 천박한 느낌의 안무로 인해 상업적인 향기가 가득합니다. 이런 분위기에서 예수가 그저 세상에 단순한 이슈거리가 되다 잊힐 인물인지, 신의 계획 안에 다음 세상을 구할 선지자로 온 것인지에 대해 뻔뻔한 태도로 일관하며 묻습니다. 그러고는 "오해하지 마세요, 그저 알고 싶을 뿐이에요"라고 이야기하는데, 순간 가벼운 뉴스거리로 넘겨버리는 듯한 유다의 시선이 우리의 시선은 아니었을까 하는 울컥하는 마음이 들기도 합니다.

이쯤 되면 짐작하시겠지만, 이 작품을 기독교계에서 반기지 않았습니다. 1971년 초연 당시 브로드웨이 마트 헬링거 극장 앞에서 공연 철회를 요청하는 시위도 벌어졌습니다. 1960-1970년대 유행했던 히피와 반전주의자들이 즐겨 듣던 저항 정신의 대표 록 음악으로 예수의 생애를 표현한 것과 일약 스타덤에 오른 슈퍼스타처럼 예수의 모습을 그린 것이 불편했기 때문입니다. (엄밀히 말하자면 이 작품은 록 음악을 중심으로 오페라의 아리아나 레치타티보 형식과 그레고리안 성가, 팝 등의 다양한 장르가 묻어 있습니다.) 우리가 일반적으로 알고 있는 성경 속 예수의 이미지와 다르다는 점에서 불편한 부분이 있는 건 사실입니다. 하지만 뮤지컬을 보고 있노라면 예수를 인간적인 시점으로 비춰 그가 느꼈을 고통이 몇 배로 크게 다가옵니다. 배신자로만 여겼던 유다 역시 예수를 걱정했던 친구로 형상화되어 예수의 죽음은 필연적일 수밖에 없었음을 이야기합니다. 그런 맥락에서 기독교가 무조건 반대의 깃발을 들 필요가 있었을까 하는 의문도 듭니다.

물론 4복음서를 토대로 한 예수의 공생애는 대중적으로 잘 알려져 있어서 그런지, 익숙한 것을 낯설게 바라보는 데 노력이 필요합니다. 하지만 뮤지컬은 무엇으로든지 변화가 가능하다고 하지 않았나요? 새로움에 대한 관용을 베풀어 볼 기회입니다. 새로운 해석, 이것은 예술에만 베풀 수 있는 아량이기도 합니다. 또 몇 회를 거듭할수록 상징적인 의미를 깨달아 가는 과정에 푹 빠지게 되는 것이 이 작품의 묘미이기도 합니다. 또한 앤드루 로이드 웨버와 팀 라이스의 음악은 이러한 낯섦을 무색하게 할 만큼 매력적이며, 혁신적입니다. 로이드 웨버가 이 작품을 20대 초반에 작곡했다고 하니 그의 능력이 참으로 부럽습니다. 그도 다시는 이런 어려운 곡은 못 만들 것 같다고 했다는데요. 세월이 지날수록 더욱더 이해가 깊어질 수 있게 멋진 음악을 작곡해준 로이드 웨버에게 진심으로 감사하다는 말을 전하고 싶습니다.

제3장

뮤지컬, 구조주의와 만나다

「카바레」와 잘 짜여진 이야기

    20세기 초중반에 확립된 미국의 현대 뮤지컬이 내세운 가장 큰 특징은 '잘 만들어진 이야기'였습니다. 오페라 출연자를 '오페라 가수'라 부르고, 뮤지컬 출연자를 '뮤지컬 배우'라고 부른다는 사실이 뮤지컬의 정체성을 가장 극명하게 나타냅니다. 물론 뮤지컬이 이야기에만 치중한 것은 아닙니다.
    '(음악이 잘 배합된) 잘 만들어진 이야기', 이것이 바로 20세기 뮤지컬을 만들어 낸 시대정신이었습니다. 어쩌면 인류 역사에 등장한 모든 형태의 음악극이 지향한 목표이기도 했겠지만, 현대 뮤지컬은 이러한 정신을 가장 효과적이고 구체적으로 성취한 음악극입니다. 작곡가 중심의 오페라와는 달리 뮤지컬에서는 극본과 노랫말이 지휘를 합니다. 노래와 춤은 뜬금없이 나올 수 없습니다. 뼈대가 되는 '이야기'를 참조해 가며 낄 때 끼고 빠질 때 빠지는 미덕을 발휘해야 합니다. 음악이 위축된다기보다는 이야기를 중심으로 유기적인 기능이 요청되었습니다. 이처럼 '이야기'가 강화된 현대 뮤지컬의 특징을 북 뮤지컬book musical이라고 부릅니다.* 즉 현대 뮤지컬은 대중에게 전달하고픈 명확한 이야기book가 있다는 전제로부터 출발합니다.

1940년대부터 1960년대 중반까지 전성기를 달린 북 뮤지컬은 다소 성급하게 힘이 빠지기 시작합니다. 대중의 입맛이 변한 탓도 있지만 무엇보다 뮤지컬을 만드는 사람들의 생각이, 그들이 그리는 무늬가 변하기 시작합니다. 잘 짜인 이야기를 관객에게 전달하는 역할은 이미 TV와 영화도 훌륭하게 수행하고 있었습니다. 뮤지컬은 이야기를 충실하게 재현하는 그 이상의 역할을 해야 한다는 강력한 욕구가 뮤지컬을 만드는 젊은이들에게서 터져 나오기 시작했습니다. 이때부터 확실히 뮤지컬은 '이야기'에 대한 인식을 바꾸었습니다. 지금도 여전히 '스포일러'를 강박적으로 중시하는 영화나 드라마와 달리 뮤지컬은 오래전에 스포일

---

* 김광선, 『디오니소스 제전에서 뮤지컬까지─서양 음악극의 역사』(연극과인간, 2009), 159쪽. "「쇼보트」에서 시작된 북 뮤지컬의 흐름은 「오클라호마」에서 드디어 확실한 전환점을 맞이한다. 이 작품의 특징은 대본이 대폭 강화되었다는 점이다."

러에 대한 신화를 버렸습니다.* 이야기의 내용보다는 이야기를 전달하는 '방식'에 관심을 기울이기 시작한 것입니다. 1960년대 후반에 뮤지컬계에 등장한 이러한 인식의 변화를 콘셉트 뮤지컬이라고 부릅니다.

  평론가들은 일반적으로 콘셉트 뮤지컬의 공식적인 시작을 1970년 「컴퍼니」로 보고 있습니다. 해롤드 프린스Harold Prince가 연출하고 스티븐 손드하임이 작사·작곡을 맡은 이 작품은 전통적인 북 뮤지컬에 익숙한 관객들에게는 매우 낯설었습니다. 누가 주연이고 누가 조연인지도 분명하지 않았고 줄거리는 불과 몇 줄의 말로 정리될 만큼 단순했습니다.** 충실한 이야기 대신 정신없이 종횡무진하는 멜로디와 가사, 전위적인 무대 세트가 강조되었습니다. 프린스는 마치 영화적인 편집 기법을 무대에서 구현하는 듯 혁신적인 연출 기법들을 보여줍니다. 「컴퍼니」가 보여준 콘셉트 뮤지컬의 혁신들은 이제 일반적인 뮤지컬 문법으로 받아들여질 만큼 익숙해졌지만*** 현대 뮤지컬 100년 역사에

---

*   영화 「유주얼 서스펙트」가 뮤지컬로 만들어진다면, 범인은 절름발이라는 반전을 미리 알더라도 관람에는 전혀 지장이 없을 것이다.

**   이수진·조용신, 『뮤지컬 이야기』(숲, 2011), 226쪽.

***   이는 마치 영화계에서 누벨바그 운동의 기법들이 이제는 당연시되는 영화 문법으로 인식되는 것과 마찬가지 현상이다. 공교롭게도 누벨바그 운동도 1960년대에 진행되었으며, 기존 영화들이 이야기를 전개하던 관습을 거부하는 것이 핵심이다.

가장 주목할 만한 변화였습니다.

비록 콘셉트 뮤지컬의 시작을 「컴퍼니」로 보고 있긴 하지만, 프린스는 이미 4년 전인 1966년에 콘셉트 뮤지컬의 '프로토타입'을 선보입니다. 바로 이번 장에서 만나볼 「카바레」입니다. 어떤 면에서 「카바레」는 「컴퍼니」보다 더 실험적인 작품이었습니다. 「카바레」에는 두 가지 소재의 이야기가 독립적으로 움직입니다. 히틀러와 나치의 먹구름이 위협적으로 드리우기 시작하던 1930년대의 베를린을 배경으로 현실과 미래를 고민하는 젊은이들에 관한 이야기가 첫 번째입니다. 전통적인 북 뮤지컬보다는 어둡고 진지하며 역사의식까지 요구하는 소재였지만, 분명 상식적인 플롯을 가진 이야기였습니다. 더구나 첫 번째 이야기는 원작 소설도 있었고 이미 영화와 연극으로도 만들어진 재료였습니다. 「카바레」에 등장하는 두 번째 이야기는 이야기라고 하기에도 너무 이상했습니다. 그것은 퍼포먼스에 가까웠습니다. 1930년대 베를린의 어느 카바레에서 봤을 법한 쇼 진행자인 MC와 그가 보여주는 노래와 춤이었습니다. 그는 마치 찰리 채플린이나 어릿광대가 연상될 만큼 익살스럽고 경박한 모습의 천방지축 캐릭터입니다.

MC는 첫 번째 이야기에 등장하는 인물인 샐리 볼스가 가수로 일하는 카바레의 사회자라는 점에서 첫 번째 이야기와 아주 약하게나마 연결되긴 합니다만, MC는 첫 번째 이야기에 직접적

(위) 뮤지컬 「카바레」의 한 장면.(출처: 위키피디아)
(아래) 뮤지컬 「카바레」 포스터.(출처: 위키피디아)

엄습해 오는 나치의 위협, 등장인물 내면의 불안과 행동은 관객이 MC의 노래와 춤을 해석하면서 비로소 하나의 이야기로 완전해집니다. 즉 콘셉트 뮤지컬의 가장 큰 특징은 이야기의 기승전결을 관객에게 전달하는 것이 아니라 관객과 함께 이야기를 생성하는 것입니다.

으로 개입하지 않습니다. 그는 카바레 무대 외의 장면에서도 등장하지만 다른 인물들은 그가 마치 투명인간이라도 되는 듯이 모른 척합니다. MC는 자신만의 세계를 보장받으며 첫 번째 이야기의 시대적 맥락, 등장인물의 내면, 사건의 갈등과 위협을 은유적인 노래와 춤으로 보여줍니다. 그는 공연 버전에 따라 히틀러의 은유로 등장하기도 했고 유대인으로 등장하기도 하는 등 다양하게 해석되는 캐릭터입니다.*

MC의 노래들은 첫 번째 이야기의 거울이자 관찰자입니다. MC가 처음 등장하며 부르는 〈환영합니다Willkommen〉는 이 작품의 배경이 바이마르공화국 시절의 위태로운 베를린이라는 틀을 제시합니다. 두 매춘부와 경박스럽게 부르는 〈두 아가씨Two Ladies〉는 첫 번째 이야기의 남녀 주인공인 샐리와 클리프가 룸메이트가 된 부분을 언급하면서도 당시 베를린의 도덕적 해이를 반영하는 역할도 합니다. 〈돈Money〉은 제2차 세계대전 직전의 세계 경제 위기에 대한 은유인데 남자 주인공 클리프가 나치의 불법적인 밀수를 도와주는 지점에서 등장합니다. MC가 자신의 약혼녀로 소개한 고릴라와 함께 부르는 〈그녀를 볼 수 있다면If You Could See Her〉은 당시 독일인들이 유대인에 대해 갖고 있던 적대

---

* MC가 그리스 비극의 코러스, 브레히트 서사극의 사회자와 같은 기능을 하는 것은 분명하다.

감과 왜곡된 시선을 보여줍니다.*

「카바레」가 시도한 혁신적인 기법들은 여러 가지지만, 두 이야기가 하나로 만나는 기법은 인문학적으로도 큰 의미를 가집니다. 전통적인 북 뮤지컬은 관객에게 전달하려는 이야기를 미리 전제하고 있는 반면, 콘셉트 뮤지컬의 최종적인 이야기는 극이 진행되면서 사후적으로 만들어진다는 것입니다. 「카바레」의 첫 번째 이야기가 일반적인 플롯을 가지고 있다고 해도 작품이 관객에게 전달하려는 최종적인 이야기는 MC의 노래와 춤을 첫 번째 이야기와 결합하는 관객의 적극적인 참여와 함께 '생성'됩니다. 엄습해 오는 나치의 위협, 등장인물 내면의 불안과 행동은 관객이 MC의 노래와 춤을 해석하면서 비로소 하나의 이야기로 완전해집니다. 즉 콘셉트 뮤지컬의 가장 큰 특징은 이야기의 기승전결을 관객에게 전달하는 것이 아니라 관객과 함께 이야기를 생성하는 것입니다. 이러한 변화는 갑자기 하늘에서 떨어진 것은 아닙니다. 프린스 본인이 밝히듯이 「카바레」의 혁신은 브레히트, 피스카토르, 메이예르홀트 등 유럽 연극계의 혁신가들이 오래전부터 연구하고 무대 위에 올린 다양한 실험 연극의 전통들이** 미국 뮤지컬에 흡수된 것입니다. 이는 분명 역사적 맥락

---

* 포스터 허쉬, 김지영 옮김, 『해롤드 프린스와 미국 뮤지컬극』(현대미학사, 2008), 122쪽.

** 구체적인 예술 사조로 설명하자면 러시아 형식주의 전통이 주류를 이룬다.

을 갖습니다. 19세기에서 20세기로 넘어오던 시기에 유럽에서는 혁명이나 정치적 여파로 많은 이민자들이 발생했고 이들은 대부분 미국으로 이주합니다. 이민자들의 2, 3세들은 미국에서 북 뮤지컬의 전통을 배우고 자랐고 자신들의 문화적 뿌리인 유럽의 예술적 전통과 역량을 미국 뮤지컬에도 접목하고자 노력합니다. 프린스 또한 이러한 시대적 환경에서 자랐습니다. 콘셉트 뮤지컬은 바로 이러한 과정에서 발생한 시대적 흐름이라 할 수 있습니다. 이때 접목된 유럽적인 전통은 '러시아 형식주의'라고 불리는 문예사조입니다만, 보다 근본적으로는 '구조주의'라 불리는 인문적 사유 방식이었습니다. 「카바레」가 발표된 1960년대 중후반은 때마침 '구조주의'가 세계적으로 맹위를 떨치던 시기이기도 했습니다.

구조주의는 어려운 개념입니다만 분명한 것은 우리가 현재 살고 있는 시대가 바로 구조주의 시대라는 점입니다. 어려운 인문학적 주제를 쉽게 풀어내는 것으로 유명한 일본의 석학 우치다 타츠루内田樹 선생은 자신의 저서 『침대에서 읽는 구조주의寝ながら學べる構造主義』*에서 이렇게 말합니다.

지금 우리가 살고 있는 시대는 '포스트구조주의 시대'라고 불립니

---

* 한국어판 제목은 『푸코, 바르트, 레비스트로스, 라캉 쉽게 읽기』이다.

다. (……) 포스트구조주의라는 것은 '구조주의가 지배하던 또는 유효한 사고방식이던 시대가 끝이 났다'는 것을 뜻하는 걸까요? 나는 그렇게 생각하지 않습니다. 오히려 포스트구조주의 시대는 구조주의의 사고방식이 우리가 느끼고 생각하는 방식 속에 아주 깊이 침투해 있기 때문에, 따로 구조주의자들의 책을 읽거나 이론 공부를 하지 않아도 그들의 방식이 '자명한 일'이 된 시대를 (……) 말할 것입니다.*

구조주의의 개념이 무엇인지 고민해 보기 전에 먼저 알아야 할 것은, 지금 현재 우리가 생각하고 고민하는 방식조차 구조주의적이라고 할 정도로 우리는 구조주의가 일반화된 시대에 살고 있다는 사실입니다. 구조주의는 여러 의미를 갖고 있습니다. 지식백과식으로 정의하는 것은 그리 좋은 방법은 아닐 듯싶습니다. 다시 한번 우치다 선생님의 방식으로 구조주의의 핵심을 찔러볼까요? "우리는 스스로 판단하고 행동하는 '자율적인 주체'라고 믿고 있지만, 사실 그 자유나 자율성은 상당히 제한적이라는 사실을 철저하게 파헤친 것이 구조주의의 성과입니다."** 물론 핵심은 간결하게 정리할 수 있지만 구조주의가 사상사 전반

---

* 우치다 타츠루, 이경덕 옮김, 『푸코, 바르트, 레비스트로스, 라캉 쉽게 읽기』(갈라파고스, 2010), 19-20쪽.

** 우치다 타츠루, 같은 책, 28쪽.

에 퍼지면서 구체적인 학문의 형태를 취하게 되자 팔색조처럼 다양한 의미를 갖게 되었습니다.

「카바레」가 구조주의와 관련이 있다고 생각하는 이유는, 시대적 유사성도 있지만 구조주의의 형성과 발전에 결정적인 역할을 했다고 인정되어 온 인문학 고전들의 문제의식과 관련이 있기 때문입니다. 지금까지 저는 「카바레」가 전통적인 '내러티브 메커니즘'의 보수성을 거부했다는 의미에서 구조주의의 성격이 있다고 주장하고 있습니다. 우치다 선생이 정리한 '구조주의 핵심'과 연결해 본다면, '자율적인 주체로서 우리는 타인에게 들려줄 이야기를 갖고 있다'라는 전통적인 내러티브관에 종말을 고했다는 점에서 「카바레」는 구조주의적이라고 말할 수 있습니다.

많은 학자들이 구조주의의 시작이라고 의견을 모으는 학자와 저서는 언어학자 페르디낭 드 소쉬르의 『일반언어학 강의』*입니다. 말 그대로 언어학자의 강의록입니다. 게다가 소쉬르는 자신의 언어학 강의가 훗날에 구조주의라는 거대한 파도의 시작이 될지는 상상도 못했습니다. 뮤지컬 작품인 「카바레」와 1910년대의 대학 강의록인 『일반언어학 강의』가 도대체 어떤 점에서 구조주의라는 사상의 흐름과 만나는 걸까요? 『일반언어학 강의』

---

* 제목 그대로 소쉬르가 대학에서 강의한 내용을 담고 있으며, 당시 강의를 들은 학생들과 후학들이 소쉬르 사후에 단행본으로 출간했다.

의 가장 핵심적인 주장은, '존재하는 것에 이름을 붙이는 것이 아니라, 이름이 붙여지면서 비로소 존재하게 된다'입니다.

   한국인이라면 김춘수의 「꽃」이라는 시 덕분에 소쉬르의 이론을 더욱 쉽게 이해할 수 있습니다. 하지만 인문학 고전의 원본도 한번 살펴보죠.

> 어떤 사람들에게는 언어가 그 기본 원칙에 있어 하나의 어휘집, 달리 말하면 사물의 수만큼에 해당하는 용어들의 목록이다. (……) 이러한 견해는 여러 관점에서 비판할 수 있다. 즉 그것은 낱말들에 선행하여 존재하는 기성 관념들을 전제하고 있다.*

> 낱말의 내용은 자기 외부에 있는 것의 도움을 받아야만 진정 결정된다. 낱말은 체계에 속하므로 의미뿐만 아니라 무엇보다도 가치를 지니는데 이는 전혀 별개의 것이다.**

> 그러므로 이 모든 경우에서 우리가 포착하는 것은 미리 주어진 개념이 아니라, 체계에서 우러나는 가치이다.***

---

* 페르디낭 드 소쉬르, 최승언 옮김, 『일반언어학 강의』(민음사, 2012), 91쪽.
** 페르디낭 드 소쉬르, 같은 책, 160쪽.
*** 페르디낭 드 소쉬르, 같은 책, 162쪽.

뮤지컬 「카바레」에서 샐리 역을 연기하고 있는 미카엘라 다이아몬드.
(출처: 위키피디아)

후대 사람들이 자신의 이론을 구조주의라는 이름으로 발전시켰는지조차 몰랐던 소쉬르는 자신의 강의에서 순수한 언어학적 문제의식을 드러낸 것이지만 이것이 바로 구조주의적인 사유 방식입니다. 딱 부러진 실체, 확고부동한 중심, 자유롭게 독립적으로 존재하고 생각하는 자아, 소쉬르의 후학들은 『일반언어학 강의』를 통해 이따위 것들은 없으며 '관계'와 '차이'로부터 구체적인 '의미'와 '가치'가 결정된다는 사유 방식, 즉 구조주의를 만들어 나갑니다.*

---

* 실체를 거부하고 관계와 차이를 중시하는 사유는 불교의 '연기론'과 유사하

뮤지컬 「카바레」의 객석 모습.(출처: flickr.com)

「카바레」의 문제의식을 거슬러 올라가면 소쉬르의 『일반언어학 강의』와 만난다는 말은 이 작품이 언어학 이론으로 만들어졌다는 의미가 아닙니다. 「카바레」가 공유하고 있는 것은 소쉬르의 사유 방식입니다.

다. 실제로 소쉬르는 산스크리트어의 권위자였다는 점에서 그가 불교의 사상에 정통했음을 충분히 유추해 볼 수 있다.

소쉬르는 우리의 사상이 "형태 없고 불분명한 덩어리에 불과하다"라면서, 철학자와 언어학자들은 기호가 없다면 분명하고 한결같은 방법으로 개념을 구분할 수 없다는 데에 의견을 같이했다고 이야기합니다. 그리고 그러한 의미에서, 사상을 '성운星雲'에 비유합니다.*

별자리는 별 사이에 선을 긋고 의미를 부여하기 전까지는 그저 별들의 무더기, 즉 성운일 뿐입니다. 소쉬르가 비유했듯 언어 활동은 성운을 별자리로 분절하고 구분하는 과정입니다 「카바레」의 연출가 프린스는 명확한 내러티브를 실체로 전제하고 있던 전통적인 북 뮤지컬을 거부하고, '내러티브는 두리뭉실한 성운과 같다'고 사유한 것입니다. 언어학에서 기호에 의해 구분되고 분절되면서 사상이나 언어가 의미와 가치를 지니듯이, 뮤지컬 작품은 연기, 노래, 춤, 조명, 무대 장치를 통해 선 그어지고 분절되면서 비로소 사후적으로 이야기를 만들어 낸다고 믿었습니다.

「카바레」가 구조주의적인 사유 방식을 추구한다는 생각은 프랑스의 구조주의자 롤랑 바르트의 사상으로 더욱 뒷받침됩니다. 구조주의는 1950-1960년대 프랑스의 이른바 3세대 구조주의자들에 의해 절정의 꽃을 피웁니다.** 이들 중 한 명인 바르트는 소

---

* 페르디낭 드 소쉬르, 같은 책, 155쪽.
** 우치다 타츠루, 『푸코, 바르트, 레비스트로스, 라캉 쉽게 읽기』, 82쪽.

쉬르의 이론을 계승하여 기호학, 비평 분야에서 구조주의를 더욱 발전시킵니다. 바르트의 구조주의는 문학이나 예술을 비평하는 입장에서 '작품'이라는 개념 대신 '텍스트^{text}'라는 새로운 개념을 제시합니다. 텍스트는 '텍스처^{texture}'와 같은 어원을 가지며 조직, 구조, 배열, 구성이라는 의미를 갖습니다. 즉 여러 가지 구성 요소가 서로 얽혀 직조된 섬유(직물) 같은 개념입니다. '작품'이 저자의 창의적이고 배타적 저작물이라면 '텍스트'의 저자는 창조하는 것이 아니라 옷감 짜듯이 직조합니다.

> 텍스트는 직물을 뜻한다. 그런데 지금까지 사람들은 이 직물을 그 뒤에 다소간의 의미(진리)가 감추어져 있는 하나의 산물, 완결된 베일로 간주해왔다. 이제 우리는 이 직물에서 지속적인 짜임을 통해 텍스트가 만들어지며 작업되는 생성적인 개념을 강조하고자 한다.*

「카바레」가 그 원형을 제시한 콘셉트 뮤지컬의 핵심은 분명 바르트의 주장처럼(그리고 소쉬르의 주장처럼) '생성'입니다. 바르트의 주장을 받아들인다면 「카바레」 이전의 북 뮤지컬은 텍스트를 '하나의 산물', '완결된 베일'로 간주해 온 것입니다. 반면 「카바레」는 직조되어 가는, 즉 생성되는 과정으로서의 텍

---

* Roland Barthes, *La Plaisir du texte*(Seuil, 1973). 『푸코, 바르트, 레비스트로스, 라캉 쉽게 읽기』, 141쪽에서 재인용.

트에 주목했습니다. 이러한 인식의 지평이 있었기 때문에 「카바레」의 연출가 프린스는 두 이야기 재료를 직조하여 하나의 합성 섬유로 엮어낼 수 있었습니다.

그런데 「카바레」의 첫 번째 이야기의 저작권자인 크리스토퍼 이셔우드*는 이러한 혁신에 불편한 감정을 숨기지 않았습니다. 자신의 소설 원작이 뮤지컬에서는 그저 직조물을 구성하는 재료 중 하나에 불과했다는 사실에 불만이 있었을 것입니다. 프린스에 따르면 그의 충분한 해명에도 불구하고, 그리고 연극이나 영화보다도 뮤지컬 작품인 「카바레」를 통해 벌어들인 저작권료가 훨씬 많았음에도 불구하고 이셔우드는 프린스와 우연히 마주치자 곧 자리를 뜰 정도로 불만이 컸습니다.** 바르트는 이러한 현상을 '저자의 죽음'으로 표현합니다. 이는 저자의 법적 저작권을 부정하는 것은 아닙니다. 다만 저자에 대한, 저자에 의한 '인식 전환'을 제안합니다. 저작권자의 권력을 중시하는 '작품'이라는 개념 대신, 생성을 중요시하는 '텍스트'라는 개념을 받아들임으로써 저자는 명성이나 이익, 권력보다는 '즐거움'을 찾아내자

---

* 크리스토퍼 이셔우드가 쓴 『베를린 이야기*The Berlin Stories*』라는 소설이 「카바레」의 첫 번째 이야기의 원작이다. 소설은 「나는 카메라」라는 연극과 동명의 영화로도 제작되었다.

** 포스터 허쉬, 앞의 책, 132쪽.

고 말입니다.* 바르트는 이것을 '저자의 죽음'이라는 다소 비장한 수사로 표현했을 뿐입니다. 저자의 권력은 새로운 위치로 이동합니다. 그것은 바로 독자(관객)입니다. 바르트가 궁극적으로 말하고 싶었던 것은 저자의 죽음이 아니라 '독자의 탄생'입니다.

> 텍스트의 통일성은 그 기원(저자)이 아닌 목적지(독자)에 있다. 그러나 이 목적지는 더 이상 개인적인 것일 수는 없다. (……) 독자의 탄생은 저자의 죽음이라는 대가를 치러야 한다.**

저자와 독자(관객) 사이의 권력 이동은 「카바레」로 시작된 콘셉트 뮤지컬의 중요한 의도이기도 합니다. 바르트의 텍스트는 문학 비평을 대상으로 했지만 '텍스트'라는 개념에 가장 부합하는 대상은 콘셉트 뮤지컬입니다. '문학, 음악, 춤, 조명, 무대 장치를 옷감처럼 직조하며 관객과 함께 이야기를 생성하는 일련의 과정'은 콘셉트 뮤지컬을 정의하는 가장 경제적인 표현일 것입니다.

하지만 아이러니하게도 「카바레」가 콘셉트 뮤지컬이 무엇인지 최초로 보여줬다고 주장하는 순간 구조주의적인 사유와 거

---

* 우치다 타츠루, 앞의 책, 144쪽.

** Roland Barthes, *La Plaisir du texte*(Seuil, 1973). 『푸코, 바르트, 레비스트로스, 라캉 쉽게 읽기』, 142쪽에서 재인용.

리가 멀어집니다. 그러한 판단은 마치 콘셉트 뮤지컬의 개념이 「카바레」 이전에도 존재했다는 결론을 전제하고 있기 때문입니다. 우리가 끝까지 구조주의적인 사유 방식을 유지하려면 소쉬르식으로 이렇게 얘기해야 합니다. 「카바레」가 콘셉트 뮤지컬의 개념을 드러낸 것이 아니라, 「카바레」가 시도한 다양한 혁신들을 단지 우리가 '콘셉트 뮤지컬'이라는 '기호'로 부르는 것뿐이라고. 콘셉트 뮤지컬은 전통적인 북 뮤지컬과의 '차이'로서만 존재한다고.

작품 해설

「카바레」
'당신은 어떻게 하겠어요?'

「기괴한 분장, 아름답지 않은 코러스, 다소 모호한 가사들이 「카바레」를 처음 본 필자에게 특별함으로 다가왔습니다. 뮤지컬의 낯선 모습이 신선함으로 다가와 모든 감각을 긴장하게 만들었기 때문입니다. 낯선 모습은 정형화된 인식을 새롭게 전환하며, 환기하는 작용을 합니다. 늘 마주치는 어떤 이에게 낯선 모습을 보았다면 우리는 "다시 봤다"라든지 "내가 알던 사람이 아닌 것 같아"라는 말을 하며, 대상에 대하여 고정관념을 깨고, 다시 한번 생각해 보게 됩니다. 낯섦이 던져주는 소중한 기회입니다.

뮤지컬은 일반적으로 이성보다는 감성, 사회 비판적 시각보다는 하루의 피로를 풀기 위한 오락적인 공연 예술로 인식되어 있습니다. 하지만 뮤지컬의 혼돈의 시대인 1960년대에 브레히트의 서사극 요소 중 생소화 효과를 통해 관객의 이성을 자극하는 새로운 형태의 뮤지컬 「카바레」가 등장합니다.

1966년 11월 20일 브로드허스트 극장에서 개막한 「카바레」는 배우, 안무 등을 포함해 7개 부문에서 토니 상을 휩쓰는 쾌거를 이룹니다. 그리고 1972년 미국의 대표적인 안무가이자 연출가인 밥 포시가 연출한 영화 「카바레」는 아카데미 8개 부문에서 수상을 거머쥐었으며, 1998년 샘 멘데스 Sam Mendes가 연출한 리바이벌 버전은 토니 상에서 4개 부문, 드라마 데스크 상에서 3개 부문, 'Theatre World Award' 1개 부문을 석권하면서 지금까지도 초기 콘셉트 뮤지컬의 맥을 굳건히 이어오고 있습니다. 여기에서 콘셉트 뮤지컬은 드라마의 전개보다는 작품의 아이디어를 전달하기 위한 표현 방식에 초점이 맞춰진 뮤지컬 형식을 말합니다. 관객이 극에 몰입하지 않고 극을 '다양하게 해석'해 볼 수 있는 여지를 남겨두기 때문에 드라마나 음악의 전개에 집중한 북 뮤지컬이나 통합 뮤지컬 작품과는 확실히 구분됩니다.

「카바레」는 감성이 흐르는 뮤지컬 드라마 형식에 병렬적 구조로 장면을 구성하여 관객들에게 극의 주체로서 참여하는 기회를 제공합니다. 공연의 주체자로 참여한다는 것은 실제로 극의 흐름에 참여한다는 뜻이 아닙니다. 관객과 무대 사이에 '거리두기'를 하며 장면에 스며 있는 정치, 경제, 사회 등 시대적 모순을 관객들에게 전달한다는 의미입니다. 이러한 장치는 인간을 변화 가능한 대상으로 인식함으로써 극을 통해 사회의 긍정적인 변화를 가져올 수 있다는 의식을 전제하고 있다고 이해해 볼 수 있습니다. 이러한 예술의 기능은 일상에서 익숙하게 생각할 수 있었던 문제를 이성적으로 바라보는 플라톤의 관점과 연결되어 뮤지컬을 사회 변화를 위한 유용성의 도구로 보도록 해줍니다.

특히 이 작품에서 사회적 배경은 작품의 기능적 역할에 아주 중요한 요소가 됩니다. 「카바레」는 1931년 독일의 바이마르공화국 시대를 배경으로 하고 있습니다. 미국에서 시작된 경제 공황이 독일까지 영향을 끼치게 되면서 중심 도시 베를린의 경제가 뒤흔들립니다. 나치의 압박이 점점 거세지자 중간파와 온건 보수파 지지자들이 나치당의 지지파로 전향하게 됩니다. 결국 히틀러가 총리가 되고, 바이마르공화국은 막을 내립니다. 「카바레」는 바이마르공화국이 무너져 가고 있는 시대를 배경으로 사회적·경제적·도덕적으로 타락한 독일에 맞서 대항하거나 이를 무력하게 받아들이는 사람들의 모습을 담아내고 있습니다. 참고로 연출자 해롤드 프린스는 작품이 올려진 1960년대 미국의 정세와 1930년대 독일의 시대적 특징에 차이가 없다고 판단하여 두 시대 간의 간격을 메우기 위한 큰 변화는 시도하지 않았다고 합니다. 이러한 연출 방식은 1960년대 흑인 인권 문제와 1930년대의 유대인 인권 문제를 동일한 시각으로 보는 동시에 사회와 인간의 속성은 변하지 않는다는 관점을 내포하고 있습니다. 하기야 「카바레」를 현재 우리나라의 정서에 맞추어 각색을 한다 해도 크게 벗어나지 않겠다는 생각이 불현듯 스칩니다. 매일같이 뉴스를 통해 전해 듣는 우리 사회의 어두운 이면과 「카바레」의 무기력한 사회의 모습에서 맞물리는 지점들이 쉽게 발견되기 때문입니다.

「카바레」는 1960년대 이전 뮤지컬 작품과는 확연히 다른 형식과 내용을 취하고 있습니다. 황금기 뮤지컬이 드라마를 축으로 음악과 춤이 유기적으로 흘러나와 관객의 감정 배출을 목적으로 했다면, 「카바레」는 음악과 극이 확연하게 분리된 수평적 구조를 이룹니다. 작품의 이름처럼 유럽에서 약 120년의 역사를 가지고 있는 '카바레' 같은 레뷰 스타일의 짧은 장면이 장면과 장면 사이에 존재하는 식입니다.

이와 함께 서사적 인물인 MC는 제3의 인물로 극을 이끌어가는 해설자인 동시에 드라마에 직간접적으로 관여하는 인물로서 사건에 대한 의견을 위트 있게 제시하거나 논평하는 역할을 합니다. 즉 생소화 효과를 적용하여 관객의 이성적 판단을 자극하는 대표적 인물입니다. 여기서 '생소화 효과'란 예상 외의 반응을 나타내는 것으로 생각하지 못한 사실을 다시 인지하게 만드는 방법입니다. 사회

변혁을 꾀하기 위해 관객의 감정적 몰입을 제거하고 이성적 판단을 자극하는 '서사극'이라는 연극 형식을 확립한 독일의 연극 연출가 브레히트는 『브레히트의 서사극 연기론』를 통해 일상생활에서 접할 수 있는 '생소화 효과'의 예를 다음과 같이 제시합니다.

어느 한 사람의 어머니가 죽은 뒤 그의 아버지가 새 부인을 얻었을 때, 이 새 부인은 그의 계모가 된다. 그가 계모를 어머니라 부르지 않고, '아버지의 아내'라고 부를 때 '어머니'와 '아버지의 아내'라는 말 사이에 소외 현상이 일어난다. 그의 친구 하나가 오랜만에 그를 만나 어머니의 안부를 묻자 그가 "글쎄, 요즘 우리 아버지의 아내……"라고 하면 그 친구는 "아니 너의 어머니가 어째서……"라고 의아해할 것이다.

이 문장을 통해 아주 간단하게 '생소화 효과'가 이해되지 않나요? 일반적으로 통용되는 관계에 낯선 이미지가 발생되면서 새로 이해하게 만드는 방법의 예입니다. 그럼 다시 「카바레」로 돌아와서, 프린스는 격변하는 1930년대의 독일이 점차 나치화되어가는 모습을 표현하기 위해, MC를 경제 파탄의 시기인 대공황을 비유하는 인물로 상징화했다가 극의 후반부로 갈수록 나치주의를 상징하는 인물로 변화시켰다고 이야기합니다. MC는 유쾌한 분위기의 첫 곡 〈환영합니다〉라는 노래를 부릅니다. 표면적으로는 자신이 진행자로 일하고 있는 '킷 캣 클럽'에 온 관객들을 환영한다며 Willkommen(독일어), Bienvenue(불어), Welcome(영어), Fremde(독일어), étranger(불어), Stranger(영어), Glücklich zu sehen(독일어), Je suis enchanté(불어), Happy to see you(영어) 등과 같이 다양한 언어로 관객들에게 인사를 하며 노래가 끊어지는 느낌을 주어 언어의 생소화 효과를 노리고 있습니다. 또 아이러니한 대사나 야한 농담을 섞어가면서 관객들에게 "삶이란 아름다운 것"이라며 말을 하지만 킷 캣 클럽의 퇴폐향락적으로 연출된 모습은 나치즘을 상징합니다. 그래서 이 코믹스러운 음악도 들리는 그대로 해석해서는 안 됩니다. 이 노래는 작품 후반부에 다시 불리는데, 분위기가 사뭇 달라집니다. 익숙한 음악이지만 변조된 음악으로 오프닝 무대에 등장했던 여자 밴드는 모두 독일 제복과 하켄크로이츠가 새겨진 완장Swastika Armband을 차고 나타나 무대를 순식간에 그로테스크하게 만들며 킷 캣 클럽이 나치 영향력으로 확장되었음을 상징합니다.

작품을 논의하고 보니 우리가 일반적으로 알고 있는 쇼 무대 '카바레'의 이미지에 비해 뮤지컬 「카바레」의 이미지가 좀 냉소적으로 느껴질지도 모르겠습니다. 하지만 그런 이유로 「카바레」의 음악이 지루할 거라 생각한다면 오산입니다. 「카바레」의 노래는 극과 음악을 독립시키며 음악의 사회성을 드러내는 동시에 아이러니한 언어의 유희를 사용해 관객들에게 재미를 선사합니다. 은유적인 표현과 노랫말, 무대에서 일어나는 일들이 상반된 모습으로 연출되어 관객들에게 재미를 주는 것입니다. 그리고 이런 음악들은 극과 독립적으로 존재하며 이성적으로 노래를 판단하게 만듭니다. 이러한 방식은 관객들로 하여금 무대에서 일어나는 문제의 원인을 인물의 의지보다는 이런 결과를 낳을 수밖에 없게 만든 타락한 사회적 배경에서 찾게 만드는 기능을 합니다.

샐리가 킷 캣 클럽에서 부르는 〈엄마에게 이르지 마Don't Tell Mama〉는 자신이

팬티 바람으로 킷 캣 클럽에서 일하는 것을 세상 사람은 알아도 엄마에게만은 비밀로 해달라는 코믹한 가사를 담고 있습니다. 이 노래는 샐리의 도덕성을 베를린 사람들의 의식과 빗대어 이 시대가 속임수로 가득 차 있음을 알리기 위한 알레고리 기법을 사용합니다. 하지만 의도와 달리 샐리와 무희들의 춤은 철모르는 아이처럼 흥겹기만 합니다.

또 〈돈〉은 주변 인물인 아버지, 아저씨, 어머니 등 다양한 인물을 예로 들며 경제적으로 허덕이며 궁핍하게 살아가는 베를린 사람들을 유머스럽게 표현합니다. 하지만 "나는 예쁘게 앉아서 필요한 돈은 다 갖고 있네"라는 가사를 통해 대조적으로 나치즘이라는 권력의 편에 서서 손쉽게 경제적 부를 얻는 부정적인 이미지를 희극적으로 표현하며 나치즘에 휩쓸려 가는 베를린의 경제적 박탈에 대한 문제를 비판합니다.

이 외에도 은유적인 기법을 사용해 관객들의 의식을 환기하려는 목적을 가진 곡을 살펴보죠. 의미심장한 제목의 〈내일은 나의 것 Tomorrow Belongs to Me〉은 목가적인 노래 분위기를 자아내지만 함축적인 가사들이 가득합니다. 중년의 독일인 슈나이더와 유대인 슐츠가 사랑을 확인하는 장면과 이어지는데. 이러한 방식은 나치의 세상이 시작되었음을 알리는 신호탄과 같은 노래로 이들의 운명과 함께 세상의 변화에 긴장감을 조성합니다. 또 무대 위의 배우가 관객이 아닌 다른 배우를 바라보며 이 노래를 부름으로 해서 관객과 배우의 관계가 새롭게 형성되는 생소화 효과를 발현합니다. 그 외에도 〈그래서 뭐 So What〉는 자연의 이치를 삶에 비유하며 순환되는 규칙 속에서 떨칠 수 없는 힘들을 어떻게 받아들여야 할지에 대하여 훈계하듯 노래합니다. 냉소적이면서도 무기력한 삶의 모습을 제시하고 있습니다.

마지막으로 이 작품의 하이라이트라고 할 수 있는 〈카바레Cabaret〉는 무력하게 세상에 굴복하고 정세의 흐름을 따라가는 샐리의 모습을 상징적으로 표현합니다. 샐리는 애인인 클리퍼드의 아이를 임신하지만 상의 없이 낙태를 해버립니다. 그와 함께 미국으로 떠나지 않고 카바레로 다시 돌아옵니다. 그러고는 가수인 자신의 꿈을 위한 것이라며 스스로를 위안하며 다시 암울한 킷 캣 클럽의 무대에 서고, 사람들에게 '카바레로 오세요'라고 노래합니다. 나치즘에 굴복하며 사회적 흐름에 따라갈 수밖에 없는 인물을 유형화하는 동시에 샐리의 자아 상실의 태도를 나치즘으로 물든 카바레와 함께 중첩시킵니다.

「카바레」는 낯설게 하기, 즉 거리두기를 통해 감정적 몰입이 깨어지도록 하여 관객들이 상황에 대해 지속적으로 생각하도록 자극합니다. 이러한 시도는 뮤지컬의 사회적 기능을 성장시키며 콘셉트 뮤지컬의 기초가 되었습니다. 이후 콘셉트 뮤지컬의 아버지라고 불리는 스티브 손드하임과 조너선 라슨Jonathan Larson의 「렌트Rent」가 그 맥을 이어나가며 뮤지컬은 여전히 우리에게 끊임없이 질문을 던지고 있습니다. 베를린의 다가올 변화의 흐름에 대하여 어떤 결정을 내려야 할지 묻는 슈나이더 부인의 〈어떻게 하겠어요What Would You Do?〉의 가사 "당신이라면 이러한 세상에서 어떻게 살아갈 것인가?"처럼요. 「카바레」를 통해 고정되어 있는 관념들과 현상을 낯설게 바라보며, 다가올 시간들에 대해 어떠한 태도로 대응할 것인지에 대해 생각해 볼 문제입니다.

제4장

난 네 안에 영원히 살아

「지킬 앤 하이드」에서 『이기적 유전자』의 은유를 읽다

우리나라 뮤지컬 시장이 가파르게 성장하던 시기에 사랑을 받았기 때문인지 「지킬 앤 하이드」는 한국에서 가장 오랫동안 사랑받고 있는 외국 뮤지컬입니다. 류정한, 조승우, 홍광호, 김소현 등 한국을 대표하는 뮤지컬 스타들과 인연이 깊은 작품이기도 합니다.

확실히 세계 어느 나라보다도 한국인들의 「지킬 앤 하이드」 사랑은 유별납니다. 전혀 관계 없는 가사임에도 불구하고 우리나라에서 〈지금 이 순간 This is the momont〉은 결혼식 축가 하면 떠올리는 대표곡일 정도입니다. 한국판에서 번안된 이 곡의 가사를 보면 결혼식과 어울릴 여지가 전혀 없는 것은 아니지만 뮤지컬 작품의 전체 맥락에서 〈지금 이 순간〉은 사랑 노래가 아니라 근대 과

뮤지컬 「지킬 앤 하이드」의 한 장면.(출처: 위키피디아)

종교와 윤리의 이름으로 억압받는 자신의 과학적 신념을 마침내 실행하기로 결심한 '지금 이 순간'을 노래하는 의사 지킬은 확실히 근대 과학의 힘을 믿는 입장에 서 있습니다.

학의 정신을 찬양하는 노래입니다. 바로 그 점에서 「지킬 앤 하이드」의 주제를 가장 잘 살린 대표곡이라 할 수 있습니다.

뮤지컬 작품의 원작인 1886년 소설 『지킬 박사와 하이드 씨』가 도시 괴담에 가까운 반면 「지킬 앤 하이드」는 괴담의 색깔을 덜어내고 19세기 근대 과학의 정신이 어떻게 전개되었고 그 한계는 무엇인지를 묻는 과학철학적 작품입니다.* "지금 이 순간/바로 오늘/내 불안감과 악을 집어 던지고!/내 모든 헌신이/지금까지의 노력이/이제 현실이 된다/바로 여기 지금, 오늘"**이라는 〈지금 이 순간〉의 가사는 정확히 그것을 노래합니다.

종교와 윤리의 이름으로 억압받는 자신의 과학적 신념을 마침내 실행하기로 결심한 '지금 이 순간'을 노래하는 의사 지킬은 확실히 근대 과학의 힘을 믿는 입장에 서 있습니다. 그리고 그러한 입장이 선과 악 중에서 선을 대변한다고 강하게 믿고 있습니다. 「지킬 앤 하이드」가 근대 정신을 관통하고 있다는 사실은 지식인 지킬뿐 아니라 루시의 노래에서도 알 수 있습니다. 그녀는 불행히도 쇼걸로 살아가는 하층민이지만 배움에 목말라 합니다. 〈내가 누군지 아무도 몰라 No One Knows Who I am〉는 제목에서도 느

---

* 같은 도시 괴담의 원작 소설을 현대 뮤지컬로 만들면서 근대의 급격한 산업화와 이에 따른 도시 빈민 등의 문제점에 주목한 「스위니 토드」와 비교해 볼 만하다.

** 한국판 노랫말이 아니라 원곡 노랫말을 번역한 것이다.

꺼지다시피 근대 정신을 비추는 또 다른 넘버입니다.

지킬의 관심은 오늘날의 기준으로 보자면 생물학과 유전학이라는 분야입니다. 인간의 뇌를 외과적으로 분석하여 선과 악을 담당하는 '중핵'을 가려내고 통제하겠다는 지킬의 신념은 사실 오늘날에도 종교와 윤리의 견제 때문에 실행이 쉽지 않은 결심입니다. 작품의 배경이 되는 19세기 유럽에서는 지킬의 신념에 힘을 실어주는 사상의 변화가 충만했습니다. 찰스 다윈의 『종의 기원』이나 유전학의 원형을 제시한 그레고어 멘델의 『식물의 잡종에 관한 실험』* 등이 대표적입니다. 인간 정신의 메커니즘마저 철학이 아닌 과학의 무대에 올리고자 한 프로이트의 정신분석학은 그러한 변화의 정점이었습니다.

지킬의 결심과 실험은 그가 어렴풋하게나마 '유전자'라는 개념을 갖고 있었다는 것을 알려줍니다. '유전'이라는 개념은 아마도 가족과 문명의 시작과 함께 인간이라면 누구나 가졌을 태곳적 개념일 것입니다. 부모와 형제가 서로 닮았다는 사실은 막연하게나마 유전에 대한 생각을 갖게 했을 것입니다. 다만 20세기 이전까지는 유전이 후천적 경험과 관련되어 있다고 믿었습니다.** 지킬 같은 근대 과학자는 유전에 대한 개념을 더욱 발전시

---

* 멘델의 이 논문은 멘델의 생존 당시에는 전혀 주목받지 못하다가 1900년에 들어서야 비로소 후학들에 의해 인정받는다.

** "천 년 동안 사람들은 친척들이 서로 닮은 이유는 같은 환경에서 살기 때문이

켜, 선과 악조차 하느님의 뜻이 아니라 과학의 관점에서만 접근이 가능한 궁극적인 원인 때문에 발생한다고 본 것입니다. 물론 「지킬 앤 하이드」는 유전자라는 표현보다는 다중 인격이라는 외형적 현상을 언급하지만 선과 악, 어둠과 밝음, 경건과 위선이라는 이중적 대립이 생명 내부에 이미 내재해 있다고 보고 있으며, 이는 현대 유전학의 '대립유전자'라는 개념과 유사합니다.* 지킬의 관심은 비록 현대 유전학의 근본 개념인 '자기 복제를 통해 세대를 거쳐 전달되는 유전 물질'이라는 생각에는 미치지 못합니다. 하지만 이성과 과학의 순수한 통찰력으로 생명 현상의 비밀을 탐구하려는 그의 자세는 현대 생물학과 유전학에 근간을 제공했음이 틀림없습니다.

선과 악조차 유전자 때문이라는 지킬의 관점은 오늘날에도 많은 과학자들의 입장이기도 하고 그만큼 많은 반대자들이 '천박한 유전자 환원론'이라고 강하게 비판하는 대상이기도 합니

고, 경험이 겉모습에 변화를 가져온다고 믿었다." 스티브 존스, 정은영 옮김, 『유전학』(김영사, 2006), 10쪽.

* DNA라는 이중나선의 유전 물질이 생명체의 모든 세포 안에 들어 있다는 사실은 20세기 중반 이후에 알려졌기 때문에, 19세기 인물인 지킬은 유전 물질이 뇌 안에 들어 있다고 생각한다. 그래서 「지킬 앤 하이드」에서는 유전자라는 개념보다는 이중 인격이라는 관점에서 이야기를 풀어간다. 이 책에서는 지킬이 이중 인격으로 생각한 개념을 더 근본적인 유전자라는 차원에서 접근하려 한다.

(위) 뮤지컬 「지킬 앤 하이드」의 한 장면.
(출처: ibdb.com)
(아래) 뮤지컬 「지킬 앤 하이드」 앨범 자켓.
(출처: 위키피디아)

지킬이 약물을 이용하여 통제하려 한 '인간 본성의 중핵'도 인간이라는 생물 개체보다 논리적으로 먼저 존재할 수는 없습니다. 선과 악의 중핵이 신체 내부(뇌)에 공존하도록 진화해왔다는 것이 아마도 인간에 대한 지킬의 문제의식이었다고 봅니다.

다. 오늘날 유전 물질의 존재는 상식이 되었다 하더라도 생물 개체의 물질적 구성, 발달과 행동 등은 유전자라는 관점에서 모두 설명될 수는 없다는 것이 반대 진영의 요지입니다. 특히 선과 악이라는 윤리적 태도까지 유전자가 결정할지 모른다는 논란은 오늘날에도 날 선 논쟁의 대상입니다.

그런데 지킬과 반대자 모두 생명 개체와 유전자 사이의 관계에 대해서는 같은 입장을 공유합니다. 생물 개체가 유전자보다 우선한다는 것입니다. 즉, 생물 개체가 어떤 필요에 의해 유전자라는 장치를 고안했다는 것입니다. 오늘날 우리는 DNA, 염색체, ATCG와 같은 좀 더 분명한 유전자 개념을 갖고 있으며, 생물 개체는 진화를 거치며 유전자와 같은 효율적인 장치들을 만들어냈다는 생각을 일반인들도 어렴풋이 갖고 있습니다. 분명 다윈주의 진화론을 지지했으리라 추측되는 지킬도 유전자와 생물 개체의 관계를 이렇게 보았을 것입니다. 닭이 먼저냐 달걀이 먼저냐 하는 갈림길에서 닭이 먼저라는 입장입니다. 지킬이 약물을 이용하여 통제하려 한 '인간 본성의 중핵'도 인간이라는 생물 개체보다 논리적으로 먼저 존재할 수는 없습니다. 선과 악의 중핵이 신체 내부(뇌)에 공존하도록 진화해 왔다는 것이 아마도 인간에 대한 지킬의 문제의식이었다고 봅니다.

그런데 이와 정반대의 또 다른 관점이 있습니다. 이 장에서 만나볼 리처드 도킨스의 『이기적 유전자』가 바로 그러한 관점을 대표합니다. 도킨스는 단호하게 닭이 아닌 달걀이 먼저라고 말합니다. 달걀의 입장에서 더 많은 달걀을 만들어내기 위해 고안된 장치가 닭이라는 생물 개체입니다.* 심지어 생물 개체는 유전자의 운반과 존속을 위해 유전자가 고안한 생존 기계일 뿐이라고 주장합니다.

　이러한 도킨스의 생각은 그 이전 생물학자들의 생각과는 정반대되는 것입니다. 도킨스도 이를 명시적으로 밝힙니다. 앞서 이야기한 지킬과 마찬가지로, 생물학자들은 생물 개체가 먼저 등장하고 유전자는 "생물 개체가 쓰는 장치의 일부"라고 생각했습니다. 그러나 도킨스는 역사에서나 중요성에서나 유전자가 앞섬을 명심해야 한다고 단호히 주장합니다. 도킨스에 따르면 그것은 "생물학을 다시 올바른 길로 돌"리는 것입니다.**

　일반인들의 상식에서는 받아들이기 힘든 논리지만 『이기적 유전자』의 초판이 나온 1970년대 중반 이후 도킨스로 대표되는 진화생물학자들의 입장은 학계에서 주류로 자리 잡았습니다. 『이기적 유전자』는 단지 유전학이나 생물학 분야의 학술서가 아니라, 과연 무엇이 생명의 본질인지 근본적 질문을 제기합니다. 도킨스는 책의 초반부터 분명히 밝힙니다. 진화와 자연선택의 대

---

*　『이기적 유전자』에 대한 닭과 달걀의 비유는 과학자 장대익의 표현이다.
**　리처드 도킨스, 홍영남 옮김, 『이기적 유전자』(을유문화사, 1993), 415쪽.

상은 생물 개체도, 집단도 아닌 바로 유전자라는 것입니다. 『이기적 유전자』의 핵심 주장은 바로 이것입니다.

'어떻게 모든 것이 유전자 때문이냐?'라며 도킨스를 비난하는 사람들은 이 책의 핵심 주장이 무엇인지 모르고 비판하는 셈입니다. 그러한 사람들 중에는 이른바 학자라는 직업을 가진 이들도 상당수입니다. 그들은 이 책을 읽지도 않고 대충 감으로 비판합니다. 도킨스의 주장은 유전자가 모든 것을 결정한다는 수준이 아닙니다. 유전자야말로 생명 현상의 본질이며 진화와 자연선택의 진정한 대상이라는 것입니다. 바이러스에서부터 인간에 이르기까지 모든 생물 개체는 자기의 생존과 번성을 위해 이기적으로 행동한 유전자의 부산물에 불과합니다.

도킨스의 이론이 여전히 어렵게 느껴진다면 「지킬 앤 하이드」를 『이기적 유전자』의 우화나 은유로 활용해 보는 것은 어떨까 제안해 봅니다. 지킬이 하이드를 통제하는 데 실패한 결정적인 이유는 뭘까요? 만약 하이드를 단순히 다중 인격의 한 측면이 아니라 '이기적 유전자'로 본다면 어떨까요? 지킬은 유전자의 운반 기계에 불과한 주제에, 생명 현상의 진짜 주인인 유전자(하이드)를 통제하려 했기 때문에 실패한 것은 아닐까요? 수억 년이라는 지질학적 시간을 살아왔을지 모를 하이드라는 유전자가 보기에 지킬은 그저 자신을 운반하는 하찮은 기계에 불과합니다.

도킨스가 유전자를 이기적인 존재라고 생각한 이유는 '자기 복제자'라는 유전자의 특성을 이해하기 쉽게 자극적으로 표현한 것입니다. 진화와 자연선택의 대상이 되어 자기 복제를 통해 번영한다는 사실 자체를 '이기적'이라고 표현한 것입니다. 생물 개체나 집단은 이러한 특성을 갖고 있지 못한, 상대적으로 훨씬 불안정하고 임의적인 존재입니다. 하이드는 지킬이라는 몸에서는 발현되지 못하고 있던 잠재적인 유전자입니다. 하지만 지킬의 후손에게 계속 전달될 수 있고 언젠가는 인간의 성격으로 구체적인 발현이 될지도 모를 유전자입니다. 이기적 유전자의 관점에서 꼭 발현될 필요는 없습니다. 후손에게 계속 전달되는 것만으로도 그 이기적인 속성은 충족된 것입니다. 「지킬 앤 하이드」에서 하이드가 지킬에게서 분리되어 처음 부르는 활력 넘치는 넘버 〈살아 있다Alive〉는 유전자의 이기적 속성이야말로 생명현상의 본질임을 보여주는 훌륭한 메타포입니다.

"막을 수 없는 이 넘치는 힘/알 수 없어 살아 있다/어디서 왔는지 알고 싶다/나는 과연 무엇인가 (……) 채우지 못하는 타는 갈증/알 수 없어 살아 있다/싸움은 반드시 승리한다/살아 있는 강한 느낌"이라는 〈살아 있다〉의 노랫말이 보여주는 웅장한 활력을 통해서 도킨스가 유전자에 대해 갖고 있는 단호한 입장을 더 잘 이해할 수 있습니다.

분명 도킨스가 유전자에 대해 갖고 있는 단호한 입장은 〈살아 있다〉가 보여주는 웅장한 활력을 통해서 더 잘 이해할 수 있습니다.

한편, 도킨스는 (생물)개체와 그룹을 하늘의 구름이나 사막의 모래 바람에 비유합니다. "일시적인 집합 내지는 연합"인 개체와 그룹은 진화적 시간이라는 척도에 견주어 볼 때 불안정하기 때문입니다. 그러나 유전자는 트럼프 카드가 계속해서 섞이고 잊혀도 그 카드 자체는 살아남는 것처럼 영원하며, 따라서 "지질학적 시간을 사는 거주자"라고 할 수 있습니다.*

지킬의 실험에 반대했던 세인트주드 병원의 이사회인 주교, 장군, 귀족들이 하이드에게 살해되는 과정도 유전자의 이기적 속성에 대한 은유로 볼 수 있습니다. 물론 유전자 수준에서 이기적이라는 의미는 하이드처럼 사악하고 주도면밀한 의도가 있는 의식적 행동이 아니라 결과적으로 생존한 존재에게 붙이는 속성입니다.

도킨스에 따르면 유전자는 다음 세대 염색체를 구성하는 자리를 놓고 대립유전자와 경쟁을 벌입니다. 그리고 이 경쟁에서 대립유전자를 희생시키고 자신의 생존 기회가 증가하도록 행동하는 유전자는, 당연하게도 더 오래 살아남는 경향을 보입니다. 그래서 도킨스는 "유전자는 이기주의의 기본 단위인 것이다"라고 결론 짓습니다.**

---

* 리처드 도킨스, 같은 책, 69-70쪽.
** 리처드 도킨스, 같은 책, 73쪽.

뮤지컬 「지킬 앤 하이드」의 한 장면.(출처: ibdb.com)

    그렇다면 지킬과 하이드의 관계는 『이기적 유전자』의 관점에서 어떤 은유적 의미를 가질까요? 아마도 이것이 도킨스가 『이기적 유전자』에서 가장 중요하게 생각하는 문제의식 중 하나일지 모릅니다. 생명 현상의 주인은 분명히 유전자입니다. 인간을 비롯한 모든 생물 개체는 유전자를 담고 있는 그릇입니다. 이것은 여전히 『이기적 유전자』의 핵심적인 주제입니다. 그렇다면 인간의 삶과 인간이라는 존재 자체는 구름과 모래바람처럼 덧없기만 한 것일까요? 『이기적 유전자』를 불편해하는 입장은 이러한 질문이 갖는 당혹감을 대변합니다. 분명 현대적인 진화생물학의 입장에서 인간은 생명 현상과 진화의 주인공은 아닙니다. 그러나 비록 주연은 못 될지언정 진화의 무대에서 비중 있는 조연을 맡고 있습니다. 도킨스에게는 인간만을 차별 대우하려는 의도는 없습니다. 하지만 인간은 유전자의 이기적이고 맹목적인 흐름을 거스를 수 있는 유일한 생물체라고 주장합니다.

그것은, 인간의 뇌가 "유전자의 독재에 반항하는 힘까지 갖추고" 있기 때문입니다. 대표적으로 다산을 거부하는 것이 이를 예증합니다. 도킨스는 이러한 "'의식'이란 실행상의 결정권을 갖는 생존 기계가 궁극적 주인인 유전자로부터 해방된다고 하는 진화 경향의 극치"라고 이해합니다. 그리고 그런 점에서 인간은 대단히 특수한 생물체라는 것입니다.*

『이기적 유전자』를 읽다가 염세주의자가 되려는 사람에게는 생각을 바꾸게 할 만한 반가운 이야기입니다. 도킨스도 인간이라서 편견이 있다는 식이 아니라, 인간의 특수성이 진화의 흐름 그 자체에서 발생했다는 논리가 특히 다행스러운 부분입니다. 도킨스는 『이기적 유전자』의 11장 전체를 인간의 특수성을 설명하는데 할애하며 이렇게 마무리합니다.

우리는 유전자 기계로서 조립되어 있다. 그러나 우리에게는 이들

---

* 리처드 도킨스, 같은 책, 107쪽.

의 창조자(유전자)에게 대항할 힘이 있다. 이 지구에서는 우리 인간만이 유일하게 이기적인 자기 복제자(유전자)들의 전제에 반항할 수 있다.*

지킬과 하이드의 갈등과 대립은 유전자에 대한 인간의 반항을 은유적으로 표현한 것으로 이해할 수 있습니다. 「지킬 앤 하이드」에서 〈지금 이 순간〉만큼이나 진정한 명곡이라 칭송받는 넘버 〈대치Confrontation〉는 다중 인격을 처절하게 묘사하는 곡이기도 하지만, 『이기적 유전자』의 은유로 보자면 인간과 유전자의 갈등을 놀랍도록 잘 담고 있습니다. 특히 하이드가 음흉하게 내뱉는 가사는 유전자의 맹목적 힘, 지질학적 시간을 살고 있는 유전자의 거대함에 대한 메타포로 훌륭하게 작동합니다.

특히 "친구, 이건 꿈이 아니라고/그리고 이건 끝나지 않아/이건 계속되는 악몽이지/하이드는 네가 어떤 가면을 써도 여기에 있지/네가 사라져도 나는 계속될 거야/난 네 안에 영원히 살아"라는 가사는 유전자의 맹목적 힘, 지질학적 시간을 살고 있는 유전자의 거대함에 대한 메타포로 훌륭하게 작동합니다.

『이기적 유전자』의 대부분은 당연하게도 진화와 생명 현상의 주인공인 유전자에 관한 이야기이지만, 가장 정제된 상태의 '인간'을 찾아가고자 하는 도킨스의 고뇌가 이 책의 진정한 의도라

---

* 리처드 도킨스, 같은 책, 322쪽.

고 생각됩니다. 그런 점에서 『이기적 유전자』는 진화생물학에 관한 책이면서도 동시에 인문학 고전이라고 부를 만한 책입니다. 유전자라는 주인공에 의해서 별것 아닌 것으로 판명된 인간. 그렇다면 앞으로 우리 인간이 인간을 바라보는 시선은 어떠해야 할까요? 『이기적 유전자』의 숨겨진 질문은 바로 그것이 아닐까요?

최근 몇백 년 동안 발전을 거듭해 온 인간의 사유 체계가 밝혀낸 진실은 결국 하나로 모입니다. 그것은 바로 '인간은 별것 아닌 존재'라는 것입니다. 알튀세르와 지젝이 지적하듯이, 코페르니쿠스는 인간이 우주의 중심이 아니라는 것을 드러냈고, 마르크스는 인간이 역사의 주인공이 아니라는 진실을, 다윈은 인간이 생명의 중심이 아님을, 프로이트는 인간이 인간 자신의 주인마저도 아님을 말합니다. 도킨스는 다윈주의 입장에서 이미 생명 현상의 주인공이 아닌 것으로 밝혀진 인간은 진화의 대상조차도 될 수 없는 덧없는 존재라고 쐐기를 박습니다. 하지만 이러한 행위를 그저 인간이 자기에게 던지는 모욕이라고 속단할 수는 없습니다. 코페르니쿠스, 다윈, 마르크스, 프로이트가 그런 것처럼 도킨스는 인간에게 덧칠해진 가짜를 벗겨냈을 뿐입니다. 유전자를 통해 가장 솔직한 인간의 모습에 접근하려는 도킨스의 태도는 어터슨의 칼날에 뛰어들며 생을 마감한 지킬만큼이나 비장했다고 함이 마땅합니다.

작품 해설

「지킬 앤 하이드」
'보이는 게 다가 아니에요.'

우리는 안정을 추구하지만 우리의 삶은 항상 정해져 있지 않은 불안정한 상태입니다. 그건 우리의 심리 상태만 봐도 쉽게 이해할 수 있습니다. 우리는 자신도 모르게 하루에도 수천 번씩 만족과 불만족, 안정과 불안정, 용기와 두려움, 자신감과 죄책감 등 끊임없이 변하는 감정들로 하루의 일상을 보냅니다. 우리는 이런 감정과 더불어 시간, 장소, 함께 있는 상대에 따라 때때로 다른 사람인 것처럼 행동하기도 합니다.

또 정신과 의사이자 심리학자인 칼 구스타프 융Carl Gustav Jung은 인간은 페르소나persona, 사회에서 정한 역할에 맞추어 각각의 가면을 쓴 채 살아가고 있음을 이야기합니다. 이런 우리의 다양한 얼굴은 사회에서 관계를 맺고 살아가는 데 있어 필요하기도 하지만, 한쪽으로만 그 역할이 가중되어 자신의 본질은 감춘 채 살아가게 되는 부작용을 일으키기도 합니다.

「지킬 앤 하이드」는 이러한 인간의 특징들을 첨예하게 파고든 뮤지컬이라 할 수 있습니다. 인간 내면에 존재하는 선과 악이라는 양면성, 또 사회적 체면을 위해 숨겨져 있던 비도덕적인 모습들이 노래를 통해 상징화합니다. 특히 원작인 로버트 루이스 스티븐슨Robert Louis Stevenson의 소설 「지킬 박사와 하이드 씨의 기이한 사례The Strange Case of. Dr. Jekyll and Mr. Hyde」는 혼란스러운 빅토리아 시대 사람들의 위선을 비판적인 시각으로 바라보는 관점이 인상적입니다.

유독 우리나라에서 더욱 많이 사랑받는 「지킬 앤 하이드」는 2004년 초연된 이후 '조승우 신드롬'을 낳았습니다. 1인 2역으로 선과 악을 넘나드는 조승우 배우의 밀도 있는 내면 연기와 작품 전체를 아우르는 기운은 「지킬 앤 하이드」를 우리나라에 정착시키기에 충분했습니다. 하지만 한 배우의 연기력만으로 이 작품이 지금까지도 이렇게 많은 사랑을 받고 있다고 하기엔 다소 무리가 있습니다. 조승우 외에도 많은 배우들이 지킬 박사의 역할을 거쳐 갔지만 「지킬 앤 하이드」는 여전히 많은 사랑을 받고 있기 때문이죠. 더군다나 1885년의 런던을 배경으로 하고 있는 무대는 시각적으로 화려하기는커녕 무겁고 어둡기만 합니다. 또 주목할 만한 화려한 춤으로 관객들을 현혹하는 것도 아닙니다. 그럼에도 관객들은 왜 이 작품에 매료되는 걸까요?

지킬 박사는 지식인을 대표하는 친절하고 지적인 인물입니다. 하지만 그가 하이드 박사로 바뀌게 되면 부드럽고 친절한 모습 대신 욕망과 복수심으로 가득 찬, 자신도 통제할 수 없는 괴물로 변합니다. 자신을 통제하지 못하는 순간 내면에 선과 악이 왔다 갔다 하는 불안정한 상태가 됩니다. 이때 우리는 기이하게 감정적 몰입을 경험하는데 이는 하이드 박사의 등장으로 공포스러움과 동시에 이유 모를 통쾌함을 느끼기 때문입니다. 이러한 통쾌함을 느끼는 이유에 대하여 필자가 중요하게 생각하는 것은 '감정의 해소'입니다. 뉴스를 봐도, 인터넷 기사를 봐도 사회에서 떠들어대는 이야기 중 어느 것이 진짜인지 모른 채 살고 있는 우리들에게 양면성을 모두 표출하는 하이드의 등장은 우리의 마음 깊숙한 곳에 묵은 감정을 해소해 주는 역할을 합니다. 물론 그의 흉흉한 모습과 어두운 이면에 따라오는 행동이 모두 달갑진 않습니다. 하지만 문득 삶을 살면서 나도 모르게 또 다른 나의 모습을 발견하는 당황스러운 순간을 떠올려보면, 이런 감정들을 대변해 주는 듯한 하이드가 그저 공포스럽게만 느껴지지 않습니다. 정상적인 지킬 박사가 아닌 하이드의 모습은 우리의 내면에 꽁꽁 숨어 있는 또 다른 자아와 함께 사회의 어두운 이면을 들추고 있기 때문입니다.

작품의 배경이 되는 빅토리아 시대는 과학이 발달하면서 다윈의 진화론이 대두하고 과학과 종교의 대립이 이루어지는 획기적인 시대입니다. 다윈의 진화론은 인간의 근원적인 문제에 대해 기독교 창조 교리를 반박했습니다. 신성한 신과 그의 창조물인 인간을 과학적인 잣대로 보았기 때문이죠. 게다가 인간을 생물의 한 종으로 보고 진화를 주장하는 이론은 신성을 무참히 무시하고 있었습니다.

진화론과 같은 과학적 발견은 과학과 기술이 한층 성장하는 계기가 되었지만, 산업화의 급성장은 사회의 부조화를 일으킵니다. 장시간의 공장 노동과 이에 비해 턱없이 부족한 임금, 쾌적하지 못한 공장과 열악한 삶의 터전이 노동자들을 더욱 궁지로 내몰고 범죄가 급격하게 증가합니다. 이를 제지하고 통제할 기관의 역량은 부족하고 지식인들은 자신들의 체면과 번영을 유지하는 것에 급급해 사회 규정에서 벗어난 대상을 타자로 지목하는 현상이 발생했습니다. 또 여성에게 순수, 희생을 강조하고 여성을 일로 지친 남성들을 위로하는 '존재로만 여기며, 여성의 사회적 활동을 제지하기도 합니다. 즉 여성에게 강압적인 페르소나를 요구한 것입니다. 동시에 이 시기 매춘부의 수가 인구의 3퍼센트 이상이었다는 수치가 참 씁쓸하기도 합니다.

이런 빅토리아 시대 모습은 작품에서도 고스란히 드러납니다. 지킬 박사는 과학의 실증주의를 전적으로 믿으면서 인간이 좌지우지할 수 없는 영역까지 건드립니다. 작품은 1880년 런던의 정신병원에 입원한 지킬 박사의 아버지의 병실에서 시작됩니다. 그는 자신의 아버지를 치료하기 위해 신의 영역을 넘보며 인간의 정신을 분리하여 선과 악을 통제하려 합니다. 병원 이사회는 그의 실험을 반대하지만 박사는 뜻을 굳히지 않습니다. 하지만 다윈의 진화론을 무참히 꺾어버리듯, 그의 실험 결과는 인간의 모습에서 한 발짝 진화한 모습이 아닌 추악한 괴물의 모습이 두드러지게 되면서 실패합니다. 선과 악을 통제하지 못한, 인간의 자만이 초래한 결과입니다.

한편 선과 악을 통제하지 못하는 인간의 양면성은 빅토리아 시대의 대표 권력자들을 상징합니다. 사회의 우위를 점하는 지도층은 지성인으로 위장하고 있지만 사실은 부정부패로 타락한 존재들입니다. 이것은 페르소나의 이중적인 특징, 즉 가면의 부작용으로 이해할 수 있습니다. 하이드는 그 위선을 속 시원하게 무너뜨리기 시작합니다. 이때 하이드는 괴물보다 마블 히어로 영화에서 볼 수 있는 사회의 영웅에 가깝게 느껴집니다. 대표적인 장면은 하이드가 자신의 연구를 반대하던 세인트주드 병원 이사회 위원이 나이 어린 여성을 상대로 매춘하는 변태적인 행위를 보고 그를 살해하는 모습입니다. 이 순간 우리는 살인을 지켜보았음에도 불구하고 희한하게 통쾌함을 느낍니다.

또 인간의 위선에 대한 일침은 지킬 박사가 이스트엔드 클럽에서 일하는 루시를 처음 만날 때도 엿볼 수 있습니다. 루시는 학대당하면서도 생계를 위해 무대 위에서 관능적인 노래와 춤을 추는 '클럽 걸'입니다. 지킬은 그런 그녀에게 말을 겁니다. 루시가 그에게 자신의 무대가 어땠는지 물어보자 신사적인 지킬 박사는 '보이는 게 다가 아닐 거라 생각한다'고 대답합니다. 빈곤을 표상하는 이스트엔드의 하층민 루시의 지친 마음을 위로하는 따뜻한 말입니다. 하지만 동시에 작품 전체에 깔려 있는 세상을 바라보는 지킬 박사의 사회에 대한 일침이 드러나기도 합니다. '보이는 것이 다가 아니다'라는 말은 긍정적으로 해석하면 보이는 것 외에 좋은 것이 더 있다는 뉘앙스를 풍기지만, 그 반대는 '보이는 것 너머에는 아무도 알 수 없는 음탕하고 더러운 것들로 가득하다'고 해석할 수 있습니다. 이렇게 대칭되는 이중적인 요소들은 지킬 박사가 하이드 사이에서 통제력을 잃어가며 팽팽한 긴장감을 더해갑니다.

더불어 인간과 세상의 양면성은 뮤지컬 넘버를 통해 더 짙어집니다. 런던의 거리에서 질병과 굶주림 속에서 고통받는 시민들이 부르는 〈가면Facade〉에서는 길거리에서 고통받는 하류층, 상류층 모두 "알고 나면 보이는 건 허상. 날마다 자신조차 속이고 안 그런 척, 아닌 척 속이지"라며 인간의 가식적인 모습과 그 뒤에 숨겨져 있는 악한 본성이 있다는 것을 암시합니다. 또 클럽에서 부르는 루시의 노래 〈뜨겁게 온몸이 달았어 Bring on the Men〉에서는 사람들이 겉으론 아닌 척, 신사인 척하지만 속마음은 음탕함으로 가득 차 있다고, 그리고 이 사실을 너도 잘 알고 있다고 노래합니다. 가사를 듣고 있노라면 다소 천박한 느낌이 들어 얼굴이 붉혀지는 것도 사실입니다. 하지만 이런 분위기와는 반대로 빅토리아 시대의 겉과 속이 다른, 체면을 중시하는 위선적이고 이중적인 상류 사회의 모습을 묘사하는 대표곡으로, 상처를 안고 살아가는 하류 계층 루시를 통해 다른 사람의 평가가 절대적으로 중요시되던 19세기 영국 사회의 이율배반적인 모습을 풍자하고 있습니다. 한편 지킬 박사가 이사회와 병원의 반발에도 불구하고 선과 악을 분리하기 위해 약물 실험을 늦출 수 없음을 직감하며 부르는 노래

〈선택은 없어 Now There is No Choice〉와 인간의 이중성을 통제하기 위한 실험을 시작하는 순간에 부르는 그 유명한 곡 〈지금 이 순간〉도 주목해서 들어볼 노래입니다. 특히 〈지금 이 순간〉은 과학이 종교적인 문제에 도전하면서 인간의 영혼을 지배하려 하는 이 시대의 정신을 가장 잘 표현한 노래입니다. 그럼에도 불구하고 마지막 가사에서 지킬 박사는 이 실험에 대하여 신에게 허락을 구하는데 이런 부분은 종교와 과학 사이에서, 아직은 그 어느 쪽으로도 결정나지 않았음을 전하며 긴박함을 더해 줍니다. 지킬 박사는 이 실험을 통해 이전에 느껴보지 못한 사악한 정신의 자유를 느끼며 세상을 활보하지만 선과 악을 분리하는 데는 실패하게 됩니다. 결국 이 모든 걸 끝내겠다고 결단을 내리고 〈나의 길을 가겠어 The Way Back〉를 부르며 작품은 후반부를 향해 갑니다.

뮤지컬은 판타지입니다. 급진전하는 사회 속에서 삶의 의미를 찾지 못해 혼란스러워하며 허우적대는 우리에게 뮤지컬은 즐거운 '쉼'을 제공합니다. 유명 배우의 멋진 연기와 노래를 보고 듣는 것 자체로도 힘이 됩니다. 더 나아가 「지킬 앤 하이드」는 우리 내면에 있는 선과 악의 경계에서 좌충우돌하며 쌓인 묵은 체증을 뮤지컬이라는 장르의 판타지로 해소할 수 있는 기회를 줍니다. 악의 편에 선 하이드의 변신은 관객에게 짜릿한 스릴을 전하는 동시에 부정부패로 얼룩져버린 사회에 대한 통렬한 비판으로 통쾌함마저 느끼게 해줍니다. 이 작품이 누구나 간직하고 있는 인간의 이중적인 측면을 파고들었다는 점에서 왠지 모를 공감이 생겨나는 것은 비단 필자만 느끼는 은밀한 생각은 아닐 것이라 생각합니다. 물론 우리는 이런 이중성을 잘 통제하며 살아가고 있기 때문에 온전하게 서로 어울려서 살아갈 수 있는 거겠죠?

제5장
가난한 자가 가난한 자를 돕는다

「빌리 엘리어트」와 정의에 관하여

뮤지컬 「빌리 엘리어트」는 영화가 원작입니다. 지금은 주로 공연용 극장으로 사용되는 종로2가 시네코아에서 영화 「빌리 엘리어트」를 보고 느낀 20년 전의 감동이 지금도 생생합니다. 알려져 있다시피 할리우드는 그 역사의 시작부터 브로드웨이에 많은 신세를 졌습니다. 초창기 영화는 대부분 노래와 춤이 등장하는 뮤지컬 포맷이었습니다. 성공한 뮤지컬을 스크린으로 옮기는 시도는 지금까지도 할리우드의 안전한 제작 공식으로 애용될 정도로 영화는 여전히 뮤지컬의 도움을 받고 있습니다.

「빌리 엘리어트」처럼 영화 원작을 뮤지컬 무대로 옮기는 작업은 그 반대의 경우보다는 흔치 않습니다. 뮤지컬 「빌리 엘리어트」는 영화가 원작이었지만 오리지널 뮤지컬이라고 불러도 인정받을 만큼 무대라는 장르적 특성에 잘 녹아든 작품입니다. 물론 그럴 만한 충분한 이유가 있습니다. 이야기 자체가 발레라는 무대적 소재를 다루고 있는 데다가 영화를 연출한 스티븐 달드리가 뮤지컬 연출을 그대로 맡았습니다.* 지금은 영화감독으로 명성이 높은 스티븐 달드리는 원래 무대에서 경력을 시작했습니다.** 아마 스티븐 달드리에게는 뮤지컬 「빌리 엘리어트」의 연출이 훨씬 쉬웠을 겁니다.

발레와 사랑에 빠진 권투 소년***이라는 자극적(?)인 소재가 우선 흥미를 불러일으키지만, 「빌리 엘리어트」는 발레 소년 이면에서 '바른 삶'에 대해 이야기하고 있습니다. 영화와 뮤지컬 모두 각자의 장르적 특성에 맞게 이러한 주제를 전달하는 데 성공했습니다. 저는 개인적으로 영화 원작이 더 마음에 듭니다. 춤과 노래를 다이내믹하게 연출한 뮤지컬도 훌륭했지만, 차분하고 따뜻한 감성에 중간중간 1970년대 영국 밴드 티렉스T. Rex의 음악이 함께한 영화는 역시 원작만이 줄 수 있는 힘을 보여줍니다.

스티븐 달드리는 1980년대 폐광 위기에 내몰린 탄광촌을 순

---

* 영화에서 극본을 맡았던 리 홀도 뮤지컬 작업에 그대로 참여했다.
** 영화 연출 전에는 32세의 젊은 나이에 이미 런던 로열코트 극장의 예술 감독을 맡았다.
*** 사실 빌리는 권투에는 애초에 흥미가 없었다.

회하며 광부들을 위한 연극을 올렸습니다.* 그러한 경험과 삶이 「빌리 엘리어트」의 뼈대가 된 것은 물론입니다. 「빌리 엘리어트」는 발레 소년의 삶을 통해 1980년대 신자유주의라는 정책 아래에서 생존의 위기에 내몰린 영국 탄광 노동자들이 어떻게 파업 투쟁을 벌이고 생존의 위기를 극복했는지 생생히 들여다보는 작품입니다.

　우리는 단지 자본주의 시스템에 살고 있다는 이유만으로 바르게 사는 세상에 대한 조롱과 염세주의적 체념에 빠지기 쉽습니다. 현실적으로 그런 세상이 오기 어렵다는 관념은 그런 세상을 거부하는 소수의 사람들이 만들어낸 프레임입니다. 어쨌든 우리는 함께 바르게 사는 세상에 대한 희망과 기대를 연료로 살아가고 있습니다. 「빌리 엘리어트」는 이러한 신념이 결코 조롱과 체념의 대상이 아니라는 것을 감동적으로 보여줍니다. 감동만으로는 신념을 유지하기 어렵다면 마이클 샌델의 『정의란 무엇인가』에 도움을 받아 보면 어떨까요? 이 책은 그러한 믿음을 좀 더 구체적으로 전개하도록 도와줄 다양한 이론적 방법들을 제시하고 있으니까요.

　그런데 『정의란 무엇인가』를 읽어 본 분들이라면 자연스레

---

* 2막이 시작되며 당시 대처 수상을 조롱하는 넘버 〈메리 크리스마스, 매기 대처Merry Christmas Maggie Thatcher〉를 부르는 탄광촌 마을의 연극 장면은 이 시절을 염두한 연출로 생각된다.

뮤지컬 「빌리 엘리어트」의 한 장면. (출처: 위키피디아)

품게 되는 불만이 한 가지 있습니다. '그래서 도대체 정의가 뭐라는 거야?' 이런 불평이 나오는 이유는 우리나라 번역서의 제목 때문입니다. 원서의 제목은 단지 'Justice(정의)'입니다. 'What is Jutice?'가 아닙니다. 이 책은 정의가 무엇이라고 딱 부러지게 설명하지 않습니다. 정의를 고민하고 이해하려는 여러 가지 방식과 학자들의 이론들을 소개하는 내용입니다. 물론 남의 이론만 소개하는 것은 아닙니다. 책의 후반부 몇 장은 저자인 샌델 자신의 입장을 제시하고 다른 이론들과의 관계를 정리하는

데 할애하고 있습니다. 게다가 우리말 '정의'는 『정의란 무엇인가』에 등장하는 영어 'Justice'와 그 의미의 범위가 일치하지도 않습니다. 우리말 '정의'는 옳고 그름에 대한 판단 기준이라는 의미가 강하지만 『정의란 무엇인가』에 등장하는 'Justice'는 '옳음'뿐만 아니라 '좋음Good'이나 '미덕'의 판단에도 개입합니다. 이것이 샌델 특유의 정치철학적 언어 활용법인지 아니면 해당 영어 단어 자체의 다의적 특징인지는 모르겠습니다. 그래서 저는 'Justice'의 넓은 의미에 대응하는 우리말을 '바름'으로 선택했습니다.

앞으로 이러한 점들을 고려하면서 이야기를 풀어가겠습니다. '바른 삶'을 고민한다는 것은 이미 어떤 전제가 있습니다. 바로 인간은 함께 사는 존재'라는 것입니다. 그래서 바르게 사는 삶의 문제는 '어떤 방식으로 더불어 살 것인가?' 하는 문제에서 다시 시작합니다. 특히 서양의 역사를 기준으로 삼는다면 근대 이후에 이런 고민이 본격적으로 시작되었습니다. 신에게서 해방된 근대 이후 인간은 더불어 사는 방식에 대해 크게 두 가지 고민을 하게 됩니다. 그리고 더불어 사는 방식을 고민하다 보니 더 근원적인 문제에 직면하죠. 바로 '해방된 인간을 무엇으로 볼 것이냐?'입니다. 계속 문제가 복잡해지죠. 좀 정리해 볼까요? 처음에 '바름(정의)이 무엇이냐?'의 문제는 '더불어 사는 방식이 무엇이냐?'에 대한 정리가 필요했고, 최종적으로 '인간을 무엇으로 바라볼 것이냐?'라는 문제로 바뀝니다. 결국 바른 삶의 문제는 인간을 어떤 존재로 바라보느냐 하는 문제에서 시작합니다.

『정의란 무엇인가』에는 인간을 바라보는 두 가지 전통이 주로 등장합니다. 첫 번째는 '인간은 자유로운 개인'이라는 입장이고 두 번째는 '인간은 관계'라는 입장입니다.

첫 번째 입장에서는 자유로운 개인이 평등한 기회와 타고난 능력을 바탕으로 돈 많이 벌고 잘 살아가는 것이 '바름'이라고 생각합니다. 언뜻 당연한 말이죠? 그런데 이러한 입장은 쉽게 극단적으로 흐를 수가 있습니다. 타고난 능력이 신통치 않을 수도 있고 '평등한 기회'가 공허한 구호로 다가오는 환경에 처한 사람들도 얼마든지 있습니다. 「빌리 엘리어트」에 등장하는 탄광촌 사람들이 그러한 경우에 해당합니다. 만일 누가 그들에게 잘 살 수 있는 기회는 평등하게 주어지니 파업 따위는 하지 말고 다른 일을 찾아서 능력껏 잘 살아보라고 말한다면 탄광촌 사람들은 이 사회가 과연 정의로운 기반 위에 있다고 생각할까요? 인간을 자유로운 개인으로 바라보는 관점이 왜곡된다면 "기회를 줬는데도 낙오되는 놈은 어쩔 수 없어. 내가 그런 인간들까지 걱정해야 돼? 여기가 빨갱이 나라야?"라는 식의 사회적 병리 현상으로 빠지게 됩니다. 요즘 자주 듣는 '신자유주의'라는 사고방식이 그런 예입니다.

「빌리 엘리어트」의 주요 사건인 탄광촌 파업은 1980년대 영국 총리 마거릿 대처가 강력하게 추진한 신자유주의 정책이 원인이었습니다. 경쟁력이 떨어지는 국영 기업을 과감하게 민영화하고 탄광업을 비롯한 사양 산업을 정리하는 과정에서 많은 국민이 강력하게 반발했습니다. 대처 행정부는 특히 노조에 대해서는 한 치의 양보도 없는 강경한 자세를 유지했는데 「빌리 엘리어트」가 바로 이에 관한 이야기입니다. 물론 대처의 정책에 찬성한 국민들도 많았지만 그녀가 강력하게 추진한 신자유주의 정책이 '바르게 사는 세상'에 대한 고민 따위에는 관심이 없었던 것은 분명합니다. 대처 행정부가 집권 말기에 실업자나 경제적 하층민에게도 일괄적으로 세금을 부과하는 인두세 정책을 무리하게 추진하다가 결국 몰락한 일은 신자유주의의 부작용을 잘 보여줍니다.* 대처 총리에게 죽음의 저주를 퍼붓는 〈메리 크리스마스, 매기 대처Merry Christmas Maggie Thatcher〉라는 넘버가 「빌리 엘리어트」의 2막 처음에 버젓이 들어간 사실만 봐도 대처 집권 시기에 발생한 국민적 상흔이 지금까지도 제대로 치유되지 못했다는 것을 알 수 있습니다. 이 장면이 영화에서는 더욱 우울하게 그려집니다. 파업으로 인해 땔감조차 살 수 없었던 빌리의 아버지는

---

* 인두세에 반발하여 영국에서는 엄청난 시위가 일어났는데, 이를 진압하는 과정에서 대처 행정부는 기마 경찰을 동원하여 시위대를 말 그대로 말발굽으로 깔아뭉갰다. 필자는 중학생 때 TV에서 이 장면을 보고 큰 충격을 받았다.

크리스마스에 아내의 유품인 피아노를 때려 부수고 벽난로에 집어넣습니다. 조촐한 크리스마스 파티를 보내던 빌리의 아버지는 어깨를 들썩이며 흐느낍니다.

다시『정의란 무엇인가』에서 인간을 바라보는 두 가지 입장으로 돌아가 보겠습니다. 대처 총리로 대표되는 첫 번째 입장의 전통 속에 있으면서도 실질적인 평등을 추구한 미국의 철학자가『정의론』이라는 현대의 고전을 발표합니다. 존 롤스는 인간이 선택의 자유를 바탕으로 실질적으로 평등한 사회를 만들 수 있는 중요한 원칙을 세울 수 있다고 믿었습니다.『정의란 무엇인가』의 저자 샌델도 롤스의 입장을 비판적으로 연구한 후배 학자입니다. 샌델은 인간을 자유로운 개인으로 바라보는 입장은 아니지만 롤스의 문제의식과 이론이 던진 영향력 아래에서 공부한 사람입니다.『정의란 무엇인가』에서도 롤스의 이론은 매우 비중 있게 다뤄집니다. 롤스는 18세기 철학자 칸트의 윤리 사상을 절차적으로 재해석한 인물로 학계에서 받아들여지는데, 샌델도 칸트와 롤스의 연속성을 강조합니다. 샌델은『정의란 무엇인가』5장 칸트 편의 마지막을 이렇게 마무리합니다.

즉, 그에 따르면 칸트는 집단적 동의라는 상상의 행위가 "모든 공공법의 정당성을 판가름하는 잣대"라고 했으나, 그 계약의 모양새나 그로부터 나올 정의의 원칙이 어떤 것인지에 대해서는 말하지 않았습니다. 그리고 롤스는 칸트가 답하지 않은 바로 그

질문들에 답하고자 했습니다.*

롤스도 정의가 무엇인지 똑 부러지게 말하는 건 아닙니다. 대신 '시뮬레이션 게임'을 제안합니다. 위에서 인용한 '상상의 계약'이 그것입니다. 그 게임 속에서 우리는 특정 공동체 속에서 각기 다른 사회적·경제적 지위를 갖는 캐릭터로 살아가게 됩니다. 그런데 게임이 시작되기 전까지는 자신이 어떤 지위의 캐릭터로 살아가게 될지에 대해서 완벽히 무지해야 한다는 것이 그 게임의 규칙입니다. 롤스는 여기에서 좀 더 나아갑니다. 무지의 대상은 외모, 능력, 좋은 부모와 같은 조건이나 지위뿐 아니라 자신의 성향도 포함됩니다. 예를 들면 노력파냐 게으름뱅이냐, 소심하냐 모험을 즐기느냐에 대해서도 철저하게 무지해야 합니다. 우리는 그 게임에서 빌리의 아버지처럼 크리스마스에 땔감이 없어서 아내의 유품인 피아노를 때려 부수며 흐느끼는 불운한 캐릭터가 될 수도 있습니다. 윌킨슨 선생님의 도움이 없었다면 자신이 타고난 재능이 무엇인지 확인해 볼 기회조차 얻지 못하고 그저 아버지나 형처럼 광부 외에는 진로 선택의 여지가 없는 가난한 탄광촌 소년 빌리 엘리어트가 될지도 모릅니다. 운이 좋다면 로또에 당첨되어 벼락부자가 될 수도 있고, 법마저도 좌지우지하는 무소불위의 권력자가 될 수도 있습니다. 우리가 떠맡을 캐

---

* 마이클 샌델, 이창신 옮김, 『정의란 무엇인가』(김영사, 2010), 193쪽.

릭터의 선천적 조건뿐 아니라 심리적 성향까지 철저하게 모르는 '무지의 장막' 뒤에서 이제 우리는 그 게임의 운영을 지배할 최상위 원칙을 정해야 합니다. 그 원칙이 모든 이의 동의를 통해서만 힘을 얻을 수 있다면 그 원칙은 무엇이 될까? 롤스가 생각하는 정의는 이러한 질문을 던지기에 이르는 절차 그 자체입니다.

샌델은 롤스의 생각을 이해하기 위해, 힘과 지식, 처한 위치가 동등한 사람들 간의 계약을 상상해 보자고 제안합니다. 이때 계약의 대상은 우리 삶을 지배하고 시민의 권리와 의무를 할당하는 원칙입니다. 이런 조건에서라면 불공정한 요소가 끼어들 여지가 자연히 없어지고, 계약 조건에 관계없이 "동의라는 미덕만으로도 그 조건은 공정할 것"입니다. 그리고 바로 이러한 계약이 곧 롤스가 생각한 "원초적으로 평등한 위치에서의 가언 합의"라고 샌델은 이야기합니다.*

무지의 장막 뒤에서 우리가 동의하게 될 원칙은 과연 무엇일까요? 적어도 '능력 없는 놈은 다 죽어야지'라는 원칙은 배제될 것입니다. 내가 바로 그 능력 없는 놈이 될 수 있으니까요. 그 원칙이 무엇이든 무지의 장막 뒤에서 합의된 원칙 아래서라면 정부 정책에 역행한다는 이유로 탄광 노동자들을 사지로 몰아넣거나 기마 경찰을 풀어 시위대를 깔아뭉개지는 않을 것입니다. 내

---

* 마이클 샌델, 같은 책, 210쪽.

뮤지컬 「빌리 엘리어트」의 5주년 기념 행사에서 공연하고 있는 리암 모어.
(출처: 위키피디아)

가 그 찢어지게 가난한 탄광촌에서 노동자의 아들로 태어날 수도 있으니까요. 장애인에 대한 사회적 안전망도 고려할 것입니다. 가난한 집 아이들도 자신의 재능에 맞는 진로가 무엇인지 확인해 볼 최소한의 기회는 주어질 것입니다. 즉, 롤스는 '평등 원칙'이 우선적으로 채택될 것이라고 생각합니다. 하지만 내가 불운한 캐릭터가 될지 모른다는 소극적 공포심을 조금만 견뎌낸다면 조금 더 복잡하고 세련된 또 하나의 원칙이 떠오를 것이라고 롤스는 말합니다. 롤스는 그것을 '차등 원칙'이라고 부릅니다.

이러한 차등 원칙을, 샌델은 한마디로 "사회에서 가장 약자에 속하는 사람에게 이익이 돌아가는 경우에만 사회적·경제적 불평등을 인정한다는 원칙"이라 정리합니다.*

결국 롤스가 말한 무지의 장막 뒤에서 우리가 동의할 원칙은 어떤 식으로든 '사회적 약자'에 초점이 맞춰지고 '실질적 평등'을 지향할 것입니다. 하지만 그것은 단순히 약자를 배려하려는 동정심 때문에 나오는 것이 아닙니다. '무지의 장막'이라는 절차가 그렇게 만드는 것입니다. 그래서 롤스의 정의론을 '절차적 정의' 또는 '공정함으로서의 정의'라고 부릅니다. 처음 롤스의 이론을 들으면 엄청 복잡한 것 같지요? 롤스는 굉장히 간단한 말로 자신의 정의론을 설명하기도 합니다. "케이크를 공평하게 나누

---

* 마이클 샌델, 같은 책, 212쪽.

고 싶다면, 케이크를 자르는 사람이 맨 마지막에 먹게 하라."

우리 사회가 롤스의 정의론을 중요한 정책으로 받아들인다면 「빌리 엘리어트」속 주인공들의 팍팍한 탄광촌살이는 분명 어느 정도 나아질 것입니다. 정부는 대화를 통해서 노조와 합의점을 찾으려 노력할 것이며 사회 보장 제도는 절차에 따라 공정하게 작동할 것입니다. 빌리가 권투에 소질이 있는지 발레에 소질이 있는지 확인해 볼 다양한 진로 교육이 제공될 것입니다.

그런데 현실은 참으로 아이러니합니다. 「빌리 엘리어트」의 시대적 배경이 된 대처 행정부의 신자유주의 정책은 롤스의 정의론에 대한 반동으로 등장했다는 것입니다. 롤스의 이론은 1960-1970년대 유럽의 많은 국가에서 채택한 수정자본주의와 복지국가 개념에 철학적 배경을 제공했고, 이러한 체제가 지속되자 '놀고 먹는 놈이 너무 많아진다'며 1980년대 들어 세상을 바꾸려 한 입장이 바로 신자유주의 정책입니다.* 실질적 평등과 경제적 재분배를 핵심으로 하는 롤스의 정의론만으로는 설명되지 않는 현실에 대해서 이제 드디어 『정의란 무엇인가』의 저자 샌델이 대답하려 합니다.

롤스의 정의론을 공부한 후학들 중에서 이 이론에 문제를 제

---

* 물론 신자유주의가 롤스의 정의론이 갖는 한계에 대한 대안으로 등장했다고 볼 수는 없다. 신자유주의는 어찌 됐든 소수의 가진 자가 다수의 못 가진 자보다 우위에 있어야 한다는 왜곡된 도덕관을 기반으로 한다.

기하는 학자들이 나타납니다. 대표적인 인물이 바로 샌델입니다. 그리고 그러한 문제의식을 가진 학파와 이론적 흐름을 '공동체주의'*라고 부릅니다. 공동체주의자들이 보기에 롤스의 이론은 정의를 경제적 분배의 문제로 접근할 때는 매우 강력한 힘을 발휘합니다. 하지만 정의로운 사회는 올바른 분배뿐 아니라 올바른 가치, 좋은 삶에 대한 고민을 포함해야 한다는 것이 공동체주의자들의 주장입니다. 바로 이 지점에서 공동체주의자들이 인간을 바라보는 방식이 롤스와 달라집니다. 롤스의 절차적 정의론이 경제적 약자를 배려하는 결과를 가져오긴 하지만 여전히 인간을 '자유로운 개인'으로 보는 입장은 문제가 있다는 것이죠. 자유로운 개인은 필연적으로 '이기적인 개인'이기도 합니다. 공동체주의 입장에서는 이기적 개인들이 정의의 원칙에 합의한다는 생각 자체가 무리한 발상입니다. 설사 합의한다 한들 그것이 정의에 접근하는 원칙이 될 것이라는 주장 또한 받아들이기 어려웠습니다. 그들이 보기에 자유로운 개인에 기반하여 정의를 추구한다는 점에서는 롤스의 평등주의와 대처의 신자유주의는 뿌리가 같습니다. 둘 다 인간을 자유로운 '개인'으로 바라봅니다. 특히 칸트에서 롤스로 이어지는 도덕철학 계열에서 '정의'는 '옳음

---

* 롤스가 강조한 분배 정의는 분명히 공동체를 지향한다. 다만 샌델은 분배가 아닌 '가치'의 차원에서 공동체주의라는 말을 사용한다.

fair'으로 보입니다. 공동체주의자들은 '정의'가 '옳음'보다는 '좋음', '미덕', '가치'에 대한 판단이라고 주장합니다. 그들은 롤스가 좋음과 가치의 판단과 그에 따른 부담감을 거부하는 것에 큰 거부감을 느낍니다.

그래서 샌델을 포함한 비판자들은 "자유로운 선택권을 지닌, 부담을 감수하지 않는 자아라는 이상을 수정"합니다. 이들은 선보다 옳음이 앞선다는 요구를 거부하며, 목적과 애착에 대한 관심 없이 이성적으로만 정의를 생각하는 것은 불가능하다고 주장합니다.*

그래서 공동체주의는 인간을 '개인'이 아닌 '관계'로 바라보자고 제안합니다. 이러한 입장의 전통은 마르크스의 사회주의 이론과 맥을 같이합니다. 그렇다고 미국인들이 샌델을 빨갱이로 부르지는 않지요? 인간을 '관계'로 바라보자는 입장에 대해서, 샌델은 또 다른 공동체주의자 알래스데어 매킨타이어의 저서 『덕의 상실』을 인용하며 인간은 자유로운 개체가 아니라 이야기 속의 존재, 즉 '서사적 존재'라는 개념을 제시합니다. "'나는 무엇을 해야 하는가?'라는 물음에 대답하려면 그전에 '나는 어떤 이야기의 일부인가?'에 답할 수 있어야 한다."**

---

* 마이클 샌델, 같은 책, 309쪽.
** 마이클 샌델, 같은 책, 310쪽.

친일파 조상을 둔 덕에 엄청난 재산을 물려받은 친일파 후손을 생각해 보겠습니다. 그는 친일파 조상이 죽은 한참 후에 태어났기 때문에 개인적으로는 친일 행위와는 무관하다고 가정해 보죠. 이 사람은 조상의 친일 행위에 대해서 도덕적 책임을 느껴야 할까요? 매킨타이어는 책임을 느껴야 한다고 말합니다. 못 느낀다면 도덕적으로 천박하다고까지 얘기합니다. "내 삶의 이야기는 언제나 내 정체성이 형성된 공동체의 이야기에 속하기 때문이다. 나는 과거를 안고 태어나는데, 개인주의자처럼 나를 과거와 분리하려는 시도는 내가 맺은 현재의 관계를 변형하려는 시도다."*

빌리가 왕립 발레학교의 오디션에 도전해 볼 재능은 타고났다는 명백한 사실 앞에 빌리의 아버지는 물론이고 탄광촌 사람들은 잠시 파업의 긴장감에서 물러나 모두 빌리의 오디션을 위해 십시일반 돈을 모읍니다. 이는 분명 정의의 영역에 경제적 분배 이슈 말고도 중요한 것이 있다는 공동체주의의 주장에 관심을 기울이게 만듭니다. 파업에 참여하지 않는다는 이유로 '배신자 새끼'라고 따돌림을 당하던 아저씨도 빌리에게 오디션에 보태 쓰라고 100파운드를 냅니다.** 배신자의 돈이라는 것이 꺼림

---

* 마이클 샌델, 같은 책, 312쪽.
** 영화 버전에는 등장하지 않는 사건이다.

(위) 뮤지컬 「빌리 엘리어트」의 한 장면.
(출처: 위키피디아)
(아래) 뮤지컬 「빌리 엘리어트」 포스터.
(출처: 위키피디아)

빌리와 마을 사람들은 자유로운 개인이면서 동시에 가난한 탄광촌 공동체 이야기의 일부라는 '서사적 존재'로 자신들을 규정한 것입니다. 그리고 올바른 삶, 좋은 삶에 대해서 생각한 것입니다.

칙했지만 빌리의 오디션에 큰 도움이 될 것이 분명한 그 돈을 쓰는 데 대해서 마을 사람들은 더 이상 토를 달지 않습니다. 빌리와 마을 사람들은 자유로운 개인이면서 동시에 가난한 탄광촌 공동체 이야기의 일부라는 '서사적 존재'로 자신들을 규정한 것입니다. 그리고 올바른 삶, 좋은 삶에 대해서 생각한 것입니다. 파업 투쟁에 실패한 마을 사람들이 처연하게 갱도로 복귀하면서도 빌리에게 뜨거운 응원의 시선을 던지는 클라이맥스 넘버 〈한때 우리는 왕이었다 Once We Were Kings〉는, 공동체주의자 매킨타이어가 던진 '나는 어떤 이야기의 일부인가?'라는 질문에 대한 훌륭한 대답입니다.

또 하나, 빌리처럼 잠재력을 가진 아이를 왕립 발레학교라는 공공의 차원에서 발굴하고 교육과 지원을 아끼지 않을 뿐 아니라 그러한 공교육 시스템이 최고의 권위를 유지하고 있다는 사실도 정의의 중요한 영역으로 생각해 볼 만합니다. 특히 공교육이 빠르게 붕괴하고 있는 우리나라의 실정을 고려할 때 말입니다. 시골뜨기 빌리는 오디션을 잘 치르지 못했습니다. 아니, 망쳤습니다. 하지만 왕립 발레학교의 심사위원들은 빌리가 오디션 과정에서 보여준 삽질에도 불구하고 발레와 사랑에 빠진 소년이라는 것을 금세 알아챘습니다. 그래서 그들은 그 유명한 질문을 합니다. "춤출 때 어떤 기분이었니, 빌리?" 이 마지막 질문은 왕립 발레학교의 목적과 사명이 단지 아이가 타고난 재능과 성장 가능성을 알아보는 것이 아님을 잘 말해 줍니다. 그것보다는 그 아이가 발레를 얼마나 사랑하는지 그 가치와 미덕을 판단하는 것이 왕립 발레학교의 가장 중요한 사명이었습니다. 아마도 윌킨슨 선생님이 심사위원들에게 보낸 추천서에는 이런 내용이 있었을 것입니다. '빌리는 물론 대단한 재능을 타고난 아이지만, 어릴 적 보여주는 재능은 좀 더 두고 봐야 할 문제이겠지요. 하지만 존경하는 심사위원님, 빌리가 발레와 사랑에 빠졌는지에 대한 판단만큼은 바로 지금 하지 않으면 안 됩니다.'

이는 분명 롤스의 '공정함으로서의 정의' 개념으로는 설명하기 어려운 상황입니다. 롤스는 오히려 그러한 임의적인 요소를 배제할 때 정의가 바로 선다고 보았습니다. 빌리의 오디션 결과는 좋음, 가치, 미덕에 대한 판단을 중요시하는 공동체주의자들의 입장을 고려할 때 더욱 잘 이해할 수 있습니다.

하지만 저는 개인적으로 롤스를 옹호하며 글을 마칠까 합니다. 『정의란 무엇인가』는 공동체주의자인 샌델의 입장에 맞추어 여러 가지 정의 이론들을 조율했기 때문에 롤스의 정의론이 마치 커다란 결점이 있는 것처럼 느껴질지도 모릅니다. 하지만 롤스의 철학적 배경이 자유주의에 있었을 뿐, 그가 꿈꾼 정의로운 사회는 결국 공동체주의자가 중요시하는 공동의 선, 연대 의식, 미덕이 살아 있는 사회와 다르지 않다는 것은 분명히 말씀드리고 싶습니다. 롤스의 발상이 공동체주의자들의 평가처럼 그렇게 기계적이고 차갑지만은 않다는 점도 말씀드리고 싶습니다. 특히 '모두 함께 잘 사는 세상'이라는 말이 여전히 우리 시대에 '자유 대한민국'을 위협하는 '빨갱이들의 선동'으로 느껴지는 사람들이 있다면 자유의 나라 미국의 철학자 롤스가 외쳤던 말에 귀 기울여 볼 것을 제안합니다.

> 애초에 뛰어난 능력을 타고날 (도덕적) 자격이 있거나 사회에서 다른 사람보다 유리한 출발선에 설 (도덕적) 자격이 있는 사람은 없다. 그렇다고 그러한 차이를 없애야 한다는 뜻은 아니다. 그 차이를 이용할 또 다른 방법이 있다. 사회의 기본 구조를 조정해, 우연한 차이가 행운을 타고나지 못한 사람들의 이익을 위해 쓰이도록 하는 것이다.*

---

* 마이클 샌델, 앞의 책, 219쪽.

작품 해설

「빌리 엘리어트」
'회전할 때는 한 점만 보는 거야!'

부모와 자식 간의 관계는 지배하거나, 동등하거나, 도움받는 관계로 나눠 생각해 볼 수 있습니다. 그중 지배하는 관계는 부모의 틀 안에서 자식의 운명을 좌지우지하려는 경향이 있기 때문에 자녀는 답답함을 느낍니다. 물론 자신을 위해 희생하는 부모를 생각하며 그들의 뜻을 잘 따르는 자녀도 있지만, 독립된 인격체로 봐주기를 바라는 성향의 자녀들은 빈번하게 부모와 갈등이 일어나기 마련이죠. 하지만 그 갈등이 무조건 나쁘다고만 볼 수 없습니다. 품 안의 자식일지라도, 아이는 자신만의 눈을 가지고 또 다른 세상을 꿈꾸기도 하기 때문입니다.

「빌리 엘리어트」가 뮤지컬로 나왔다는 이야기를 들었을 때 반신반의했습니다. 영화의 감동이 너무나 컸기 때문이기도 했지만, 극의 주인공이 아이들이었기 때문에 가족 뮤지컬의 수준에서 크게 벗어나지 못할 것이라는 편견이 있었기 때문입니다. 하지만 뮤지컬을 보는 순간 저의 편견은 오만함이 빚은 착각이었다고 인정할 수밖에 없었습니다. 빌리의 캐릭터에 너무나도 꼭 들어맞는 사랑스러운 연기에 처음 놀라고, 나무랄 데 없는 환상적인 춤 솜씨에 한 번 더 놀랐으며, 영화와 다르게 긴 호흡으로 연기해야 하는 뮤지컬 무대에서 한 치의 흔들림 없이 작품을 끌고 가는 힘에 또 한 번 놀랐습니다.

「빌리 엘리어트」는 영국 로열발레단 남성 무용수 필립 모슬리 Philip Mosley의 실화와 「백조의 호수」 모티브가 중첩되어 극을 이끌어 갑니다. 1984년 파업 중인 영국 동북부의 탄광촌을 배경으로 하는 작품으로 1979년 총리가 된 마거릿 대처는 수정자본주의를 비판하고 신자유주의 정책을 지지했습니다. 이 정책을 통해 소득세, 법인세 감면, 기업 활동 규제 완화, 민영화, 정부 지출 감축, 복지 정책 축소 등을 실행합니다. 덕분에 영국의 기업들이 안정되면서 경제성장률도 안정되지만, 이와 반대로 실업률이 증가하고 빈부 격차는 현저하게 벌어집니다. 세상의 모든 일이 그렇듯 이익을 얻는 사람이 있으면 희생되는 사람이 있기 마련인 것입니다. 그 희생자는 누구인가요? 그 부담은 오롯이 서민들에게 돌아왔습니다. 이렇게 희생자들이 버젓이 있는데도, 경제성장률 안정을 위해 신자유주의 정책을 밀고 나간 대처의 결정은 국가를 위한 처사라기보다 총리 자신의 역량을 과시하고 싶은 것으로밖에 비치지 않았습니다. 서민들의 반발이 점점 거세지면서 파업으로 연결되지만 정부를 상대로 투쟁을 이어나가는 것이 말처럼 쉽지 않았습니다. 이러한 반발에도 리턴return은 없다며 자신의 의사를 표명한 대처와 서민들의 갈등의 골은 더욱 깊어집니다. 특히 광산업과 제철업이 큰 비중을 차지하는 영국의 경제 구조에서 대처의 정책은 엄청난 실업난을 야기하면서 서민들의 삶에 어두운 그림자를 드리웁니다.

이러한 역사적 사실은 작품 중 〈메리 크리스마스, 매기 대처〉라는 넘버에서 명확하게 드러납니다. 이 장면은 크리스마스가 다가오자 아이, 어른 할 것 없이 모두 신나게 노래하고 춤을 추며 정치 풍자극을 연출하는 장면입니다. 가만히 가사를 듣고 있노라면 촌철살인이 따로 없습니다. 탄광촌 파업 노조원들은 크리스마스가 와서 기쁜 이유가 '마거릿 대처가 죽을 날이 하루 더 가까워져서'라는 섬뜩한 말을 하며 탄광촌 폐쇄를 발표한 대처를 악녀로 치부합니다. 누군가의 불확실한 죽음을 모두가 마음 모아 기다린다는 사실은 이들에게 회복할 수 없는 상처를 입혔다는 점과 더 이상은 용서조차 할 수 없는 상황에 치달았다는 의미를 내포하겠죠. 대처의 신자유주의 정책이 대중의 삶에 얼마나 뼈아픈 고통을 안겨 주었는지는 발레리노를 꿈꾸는 빌리와 가족의 생계를 책임지기 위해 탄광촌에서 파업 중인 아빠와의 갈등을 통해서 확연하게 전해집니다.

열한 살 빌리는 어려서 엄마를 잃고 아빠와 형, 치매를 앓는 할머니와 살고 있는 평범한 소년입니다. 그런 빌리에게 자신의 꿈을 찾을 수 있는 우연한 기회가 다가옵니다. 사실 많은 사람들이 인생의 많은 부분을 자신이 하고 싶은 일이 무엇인지 몰라 찾아가며 시간을 보냅니다. 어쩌면 일생일대의 기회는 우리도 모르는 사이에 코앞에 다가와 있을지도 모릅니다. 하지만 우리는 준비가 되어 있지 않거나 무심코 지나쳐 버려서 그 기회를 놓칠 때도 많습니다. 지나쳐 버린 그 기회가 사실은 내 인생의 절체절명의 소중한 기회인 걸 알았다면 우리는 이렇게 좌충우돌하며 살지 않을 것입니다. 시인 로버트 프로스트Robert Frost는 다음과 같이 말했습니다.

노란 숲속에 두 갈래 길이 있었습니다.
나는 두 길을 다 가지 못하는 것을 안타까워하며,
오랫동안 서서 한 길이 굽어 꺾여 내려간 데까지
바라다볼 수 있는 데까지 멀리 바라다보았습니다.

인생의 중요한 갈림길에서 우리는 늘 고민합니다. 하지만 인생은 선택의 연속입니다. 내가 이번에 이 길을 선택했다고 해서 나의 미래가 보장된다고 그 누구도 확신할 수 없으며, 또 다른 길을 선택했을 때 미련과 후회가 남기도 합니다. 그래서 선택은 늘 어렵기만 합니다. 이런 관점에서 탄광촌에서 광부로 일하는 아버지 밑에서 자라온 빌리가 다른 아이들처럼 평범하게 살아가는 대신 발레리노가 되기로 결정한 것에는 이성을 넘어선 큰 결단이 필요했습니다. 더불어 아버지와 형의 완강한 반대로 어린 마음에 상처를 받으면서도 좌지우지되지 않고 끝까지 꿈을 밀고 나갑니다.

여기서 우리는 빌리의 어떤 점이 이런 일을 가능하게 만들었을까 생각해 볼 수 있습니다. 인간은 누구나 소원 하나쯤 가지고 살아갑니다. 그리고 간혹 불가능한 일이 현실로 이루어지는 기적적인 광경을 종종 목격하게 됩니다. 이 거대한 힘의 원천은 풍요로움보다는 인간의 목마름에서 발견할 수 있는 경우가 대부분입니다. 노벨문학상을 받은 작가 헤밍웨이 Ernest Hemingway, 미술사의 전설 같은 존재 고흐 Vincent van Gogh를 비롯해서 세계적으로 유명한 예술가들은 약속이라도 한 듯 부모와의 불화, 가난한 가정 형편 등으로 힘든 유년 시절을 보냈습니다. 그들이 품고 있던 뼈아픈 결핍은 예술로 승화되어 빛을 발하게 됩니다. 빌리의 갈증 또한 아무도 경험하지 않은 길을 가게 만들었고, 꿈을 이룰 수 있게 도와주었으며, 모든 것이 달라지게 만들었습니다. 빌리는 돌아가신 어머니를 그리워하며 자신의 꿈을 이해하지 못하는 아버지와 형과 대립하며 괴로워합니다. 하지만 그 시간을 통해 빌리는 자신이 원하는 것을 더욱 잘 이해하게 됩니다. 삶에 대한 희망을 갖기 시작하자 그의 외로운 유년 시절은 점점 변화하기 시작합니다. 빌리는 아버지와 형의 반대로 런던 왕립 발레학교 오디션에 참가하지 못합니다. 그러던 중 크리스마스에 연습실에서 〈백조의 호수〉의 음악에 맞춰 빌리가 미래의 모습으로 나타난 성인 빌리와 함께 의자를 돌리며 발레하는 모습이 연출됩니다. 이는 빌리의 꿈이자 미래를 상징하는 장면이면서, 발레리노의 꿈을 이룬 빌리의 모습을 상상한 장면입니다. 이 작품에 사용된 매튜 본의 「백조의 호수」에서 자신의 운명을 이겨내지 못하고 외로움에 지쳐 자살하려는 왕자의 모습과는 대조적으로 어머니의 부재로 인한 외로움을 극복하고 자신의 꿈을 향해 날갯짓 하는 빌리가 더욱 대견하게 느껴집니다.

「빌리 엘리어트」는 빌리가 스스로 자신의 정체성을 되물으며 내면의 결핍을 채워나가는 작품입니다. 특히 음악과 더불어 발레, 탭댄스, 현대 무용 등 다양한 춤이 빌리의 성장 과정을 표현해 주고 있습니다. 귀여운 아이들의 발레 장면이 연출되는 〈샤인 Shine〉에서 빌리 그리고 우리에게 "너 자신을 믿고 자신감을 가져"라고 이야기합니다. 또 동성애자 친구 마이클과 함께 탭댄스를 추며 부르는 〈익스프레싱 유어셀프 Expressing Yourself〉에서 다른 사람과 차이가 있더라도 자신을 표현하는 것이 나쁠 게 무엇이겠냐며, 자신이 가지고 있는 모습 그대로 표현해 보라고 권유합니다. 즉 자기 자신을 있는 그대로 사랑하라는 메시지를 전합니다. 어머니의 노래 〈더 레터 The Letter〉는 빌리에게 스스로 삶을 사랑하며 살아가겠다고 엄마와 약속하라는 내용으로 빌리가 꿈을 놓치지 않도록 도와줍니다. 하지만 아빠와 형은 빌리의 왕립 발레학교 오디션 소식을 달가워하지 않으며 갈등은 최고조에 다다릅니다. 빌리는 자신을 이해하지 못하는 세상에 대한 답답함과 꿈에 대한 열망을 알리듯 탭댄스로 〈앵그리 댄스 Angry Dance〉를 춥니다. 이 작품의 하이라이트는 아버지와 함께 다시 찾게 된 왕립 발레학교의 오디션에서 심사위원이 빌리에게 춤을 출 때 어떤 느낌인지 묻는 장면입니다. "무엇인가 설명할 수 없지만, 주체할 수 없는 감정입니다. 춤을 출 때 모든 것을 잊어버리게 됩니다. 내 자신이 누구인지, 그러면서도 내 자신이 완전해지는 기분이 듭니다." 그리고 이어지는 〈일렉트리시티 Electricity〉에서 빌리는 발레를 할 때 느끼는 전기에 감전된 것 같은 자유로움을 노래와 열정적인 발레로 표현합니다. 고급 예술로만 상징되던 발레가 외로운 하층민 소년과 만나면서 관객들에게 삶이 절망이 아닌 희망으로 다가오는 순간을 전합니다. 또 많은 관객들이 전율을 느끼는 이 장면은 '비로소 빌리가 자신의 꿈을 찾아 행복해질 수 있겠구나'를 암시하는 명장면이기도 합니다.

「빌리 엘리어트」는 노래와 춤으로 빌리에게 또 우리에게 이야기합니다. 너, 우리 자신이 누구인지, 자신을 믿고 진정으로 원하는 꿈을 향해 살아가고 있는지를. 아직 인생에서 전기가 올 만큼 찌릿한 느낌의 그 무엇을 만나지 못했다면 지금 다시 한번 자신에게 질문해 보세요. 우리는 지금 어떤 꿈을 꾸며 시간을 쓰고 있는지, 혹여나 주저주저하며 또는 무관심으로 보지 못하는 사이 나에게 다시 못 올 기회가 지금 내 옆을 바람처럼 스쳐 지나가고 있는 것은 아닌지, 나는 지금 내 자신을 굳게 믿으며 빛나게 살아가고 있는지. 만약 이 글을 읽는 순간 떠오르는 무엇이 있다면 빌리가 연습했던 '피루엣'처럼 그 한 점만 보며 회전하며 살아가 보는 건 어떨까요.

제6장

냉전이 쏘아 올린 마지막 불꽃놀이

「미스 사이공」과 냉전의 두 번째 죽음

얼마 전 청소년들에게 뮤지컬 작품들을 소개하는 강연을 준비할 때였습니다. 소개 작품 중에 「미스 사이공」이 있어서 관련된 자료를 찾아보던 중 1989년 초연의 제작 과정이 담긴 기록 영화를 보았습니다.* 영화 초반부에 여주인공 킴을 선발하는 공개 오디션 과정이 등장합니다. 베트남이 배경이다 보니 아시아계 여배우들, 특히 영어 구사 능력이 상대적으로 뛰어난 필리핀 출신 배우들이 주목을 받았지만, 일명 보트피플boat people로 불리는 베트남 난민 출신 배우 지망생의 오디션 장면이 인상적이었습니다. 전문적인 발성과 연기 훈련을 받지 못했는지 선발 기준에는

---

* 영화는 1988년 10월부터 시작한다.

한참 미달했지만 제작진들은 진짜 베트남 여성이라는 점에 상당한 의미를 두고 관심을 가지더군요. 결국 뮤지컬 팬들이 다들 알고 있듯이 초연의 킴 역할은 필리핀 출신의 레아 살롱가에게 돌아갔고 「미스 사이공」이 세계 4대 뮤지컬이라는 영예를 누리는 현재까지도 주인공 킴은 필리핀 출신 여배우들이 독점하다시피 합니다. 요즘엔 주인공뿐 아니라 비중 있는 등장 인물의 상당수를 필리핀 배우들이 맡고 있습니다.*

그런데 초연이 아닌 지금도 여전히 필리핀 배우들이 이 작품에 참여하는 비중이 높다는 사실은 좀 의아했습니다. 베트남전쟁이 끝난 지도 40년이 넘었고 전쟁의 당사자인 베트남과 미국이 중국을 견제하기 위해 군사적 협력까지 맺는 요즘이라면 베트남 국적의 여배우가 킴을 연기하는 「미스 사이공」의 베트남 특별 공연 정도는 가능하지 않을까 하는 생각이 자연스럽게 들었습니다. 「미스 사이공」이 백인 우월주의의 시선으로 범벅이 되었다는 비판도 많았지만 이슬람을 테러리스트로 묘사하는 할리우드의 수많은 영화들에 비해서는 이 정도 서구 중심적인 시선은 양반이라는 평을 해주고 싶었습니다. 잘 알려져 있듯이 이 작품은 베트남전쟁을 소재로 하면서도 푸치니의 오페라 「나비

---

* 「미스 사이공」 이후 필리핀 배우들이 뮤지컬계에 활발히 진출했다. 비단 영어 능력 때문만이 아니라 필리핀 사람들에게는 확실히 타고난 예술적 재능이 있는 것 같다.

부인」을 뮤지컬로 재해석한다는 의미가 더 컸습니다.* 베트남 여자와 미군 사이에 태어난 아이가 엄마와 헤어지는 장면이 담긴 사진 한 장이 「나비부인」의 현대적 모티브가 된다는 정도에서 베트남전쟁을 사용하고 있을 뿐입니다. 아마도 서구 백인 우월주의 시각이 문제가 된다면 그것은 원작을 제공한 「나비부인」의 그림자일 겁니다. 「카바레」가 역사적 소재를 다루는 방식이나 태도와 비교한다면 「미스 사이공」에게 베트남전쟁이라는 역사적 소재는 솔직히 곁다리일 뿐입니다.

그럼에도 '베트남 배우들이 출연하는 「미스 사이공」의 베트남 공연'이라는 상상이 바보 같은 망상이라는 사실을 깨닫기까지는 오랜 시간이 걸리지 않았습니다.

「미스 사이공」이 정치와 역사를 소재로 끌어온 의도는 그리 대단치 않다고 하더라도 베트남전쟁이라는 소재는 「미스 사이공」이 처음 기획되던 1980년대 중반에 마케팅적으로 굉장한 매력이 있었습니다. 우리처럼 남과 북으로 갈라져 있던 베트남이 공산주의 북베트남에 의해 통일된 이후 거의 10여 년 동안 서구 사회에서 베트남전쟁, 인도차이나전쟁을 언급하는 것은 암묵적으로 금기였습니다. 막대한 인적·물적 희생을 치르면서까지 관철하려 한 '냉전의 질서'가 안 먹힌 유일한 사례였기 때문입니

---

* 「미스 사이공」의 주요 인물들과 이야기는 대체로 「나비부인」과 일치한다.

다. 자존심에 큰 상처가 난 미국과 서구 사회는 1980년대 중반에 이르러서야 자신들의 과오를 돌아볼 여유가 생깁니다. 그렇다고 합리적인 사유에 기초한 뼈저린 반성은 아니었습니다. 그것은 단지 인지 부조화에 가까운 새로운 이데올로기였습니다. 서구 사회는 이제 인도차이나전쟁의 의미를 대량 학살과 보복으로 얼룩진 내전이라는 프레임으로 설정하기 시작합니다. 자신들이 손을 뗀 이후 인도차이나가 지옥으로 변했다는 인식은 먼저 영화계에서 큰 유행이 되었습니다.

「미스 사이공」은 분명 이러한 시대적 인식과 유행 속에서 등장했습니다. 전쟁의 당사자, 전쟁의 결과에 책임을 공유해야 할 주체가 뜬금없이 관찰자와 중재자라는 새로운 주체로 거듭난 것입니다. 이제 그들은 자신들도 원인을 제공한 것이 분명한 학살, 보복, 난민, 전쟁 고아 등의 문제에 대해서 철저하게 제3자가 되었습니다. 「미스 사이공」이 베트남에서 공연될 수 없고 적어도 현재 베트남 국민 중에서 킴을 연기할 배우가 등장하기 어려운 이유는 바로 이것입니다.* 서양인들이 만든 뮤지컬이 백인 우월주의적인 시각을 갖는 것은 그리 분노할 지점이 아닙니다. 그건 자연스러운 것입니다. 그러나 전쟁의 당사자는 온데간데없고 관

---

* 베트남 난민 출신의 가정에서 태어난 베트남계 여배우가 킴을 연기한 경우는 확인하지 못했다.

(위) 뮤지컬 「미스 사이공」의 군무 장면.
(출처: 유니버셜픽쳐스인터내셔널코리아(유))
(아래) 뮤지컬 「미스 사이공」 포스터.
(출처: 위키피디아)

「미스 사이공」은 분명 이러한 시대적 인식과 유행 속에서 등장했습니다. 전쟁의 당사자, 전쟁의 결과에 책임을 공유해야 할 주체가 뜬금없이 관찰자와 중재자라는 새로운 주체로 거듭난 것입니다.

찰자만 덩그러니 남아버린 기만적 프레임은 베트남 정부와 국민들이 「미스 사이공」을 받아들일 수 없는 가장 큰 이유입니다.

이 작품의 작사와 작곡을 담당한 알랭 부브릴과 클로드미셸 쇤베르그가 하필 베트남전쟁을 소재로 예술적인 재능을 과시했다는 점도 그냥 지나치기 어렵습니다. 그들은 프랑스인입니다. 프랑스는 19세기 중반부터 100년 가까이 인도차이나를 식민 지배하면서 1950년대까지도 베트남의 독립을 거부했으며 베트남 민중들과 벌인 전쟁 끝에 처참하게 쫓겨납니다.* 물론 부브릴과 쇤베르그는 개인일 뿐 프랑스 정부가 아니기 때문에 식민 역사에 대해 죄의식을 가져야 할 의무는 없습니다. 하지만 그들 또한 프랑스 국민으로서 인도차이나의 비극을 보고 자란 세대입니다. 그들에게 베트남 식민 역사와 베트남전쟁은 역사책에서나 만날 법한 과거가 아니었습니다. 「미스 사이공」에서 엔지니어가 부르는 히트 넘버 〈아메리칸 드림American Dream〉은 부브릴과 쇤베르그가 베트남전쟁에 관심을 가진 이유가 그저 우연이 아님을 알려줍니다. 엔지니어라는 인물은 식민의 역사 속에서 프랑스인 아버지와 베트남인 어머니 사이에서 태어난 혼혈인입니다. 그가 나고 자란 곳은 바로 프랑스 식민의 역사를 대변하는 하이

---

* 프랑스는 베트남뿐 아니라 알제리 등 북아프리카 식민지의 독립도 반대하는 등 20세기 중반까지도 제국주의적 추악함을 버리지 못했다.

퐁이라는 항구 도시입니다. 디엔비엔푸 전투* 이후로 프랑스에서 미국으로 외세 권력의 교체가 이루어지는 과정이 엔지니어라는 한 인간의 운명에 끼친 영향 등을 〈아메리칸 드림〉은 압축적으로 드러냅니다. 부브릴과 쇤베르그가 「미스 사이공」을 통해서 뮤지컬 팬들에게 선물해 준 아름다운 노랫말과 멜로디, 감동적 스토리와는 별개로 그들은 프랑스인으로서 베트남전쟁을 예술의 소재로 삼으면서도 균형 잡힌 역사 인식은 부족했습니다. 게다가 그들은 「레미제라블」의 감동적인 넘버 〈집으로 Bring Him Home〉, 〈민중의 노래가 들리는가 Do You Hear the People Sing?〉, 〈내일이면 One Day More〉 등을 통해서 보편적인 인권, 자유, 독립을 노래했기에 '뮤지컬은 뮤지컬일 뿐'이라는 식의 옹호는 오히려 그들의 위대한 예술적 성취에 오점을 남길지도 모릅니다. 베트남 민중의 지도자 호치민은 사회주의 혁명의 세계관을 갖게 된 파리 유학 시절 이미 프랑스의 위선을 발견합니다. 윌리엄 J. 듀이커에 따르면 당시 호치민은 동포들의 고난이 비단 자신들만의 것이 아니라 "세계 제국주의의 굴레를 쓰고 살아가는 아시아와 아프리카의 다른 민족들도 함께 겪는 것임을 깨달았"습니다. 그리고 그 이면에는 프랑스인들이 자유·평등·박애라는 프랑스혁명의 이

---

* 1954년 프랑스와 베트남 독립 동맹 간에 벌어진 전투. 이 전투에서 궤멸에 가까운 패배를 당한 프랑스는 인도차이나에서 영향력을 상실한다.

뮤지컬 「미스 사이공」의 한 장면.(출처: ibdb.com)

상과 정신을 식민지 민족들에게 적용하지 못하는 위선이 자리하고 있음을 발견한 것입니다.*

역사적 소재는 특정한 시선과 관점을 가질 수밖에 없습니다. 영국인 프로듀서, 프랑스인 음악가, 미국의 자본이 투입된 「미스 사이공」이 서구인의 역사관을 반영하는 것은 자연스러우며, 그런 이유로 이 작품이 뮤지컬 팬들에게 선사한 예술적 감동과 가치까지 매도될 필요는 없습니다. 하지만 그 이면, 즉 「미스 사이공」이 역사적 소재에 대해 취하고 있는 편견과 모호한 입장은 분

---

* 윌리엄 J. 듀이커, 정영목 옮김, 『호치민 평전』(푸른숲, 2003), 830쪽.

명히 지적되어야 하며, 역설적이긴 하지만 그것이 바로 이 작품을 인문학적으로 탐색하고 활용하는 의미가 될 수 있습니다. 앞서 인용한 『호치민 평전』이 우리의 작업에 도움이 되리라 생각합니다. 저자인 듀이커는 비록 전투병과는 아니었지만 장교 신분으로 미국 대사관에서 근무하며 베트남전을 체험했고 이후 적의 지도자인 호치민을 연구하는 작업에 30년의 세월을 바칩니다. 「미스 사이공」과 『호치민 평전』 모두 서구인의 눈으로 바라본 베트남전쟁을 담고 있긴 하지만, 학술서에 가까운 『호치민 평전』이 좀 더 깊이 있고 균형 잡힌 시각을 전달하고 있습니다. 「미스 사이공」에서 틀에 박힌 모습으로 묘사된 베트남전쟁의 여러 단면들이 『호치민 평전』에서는 어떻게 묘사되고 설명되는지를 비교해 보는 것도 재미와 의미를 줍니다. 이 책은 호치민의 평생에 해당하는 기간의 방대한 자료를 바탕으로 풍부한 역사적 지식과 상식의 지평을 얻을 수 있다는 큰 장점이 있습니다.

특히 우리에게는 「미스 사이공」에 대한 관심과 흥미를 바탕으로 베트남의 역사를 추적하는 작업이 더욱 의미 있습니다. 베트남전쟁을 포함한 인도차이나 독립전쟁의 기나긴 과정이 우리가 겪은 분단-내전과 동일한 현대사적 맥락에서 발생했기 때문입니다. 식민과 냉전으로 인한 분단과 내전의 갈림길에서 베트남 민중이 선택한 결정은 바로 우리가 동일한 갈림길에서 내린 결정과 과오에 대한 학습을 포함하고 있습니다. 이러한 인식의 지평에 대하여 앞에서 만나 본 김용옥 선생은 여러 저술과 강연을 통해서 '동아시아 30년 전쟁'이라는 개념을 제시합니다.

한국전쟁은 기본적으로 세계 질서를 2차 대전 후에 새로운 냉전 구도로 다시 개편하기 위해서 필요했던 전쟁이고 거기에 우리가 희생된 거예요. 아주 뼈아픈 희생이에요. 그러니까 1945년에서부터 1975년 베트남까지 30년 동안 동아시아를 전쟁의 패러다임 속으로 휘몰아 넣으면서 세계는 안정과 번영을 누려 왔단 말이죠. 이러한 비극적인 것을 청산한 것이 닉슨 독트린이에요.*

한국전쟁이 정전 협정으로 끝나면서 냉전 체제는 본격적으로 시작됐고,** 동아시아의 민중들은 열강들을 대리해서 냉전의 긴장과 갈등을 실제 전쟁으로 겪을 수밖에 없었습니다. 베트남전쟁이 1973년 미군의 철수로 사실상 종결되면서 냉전 체제에는 균열이 생기고 이른바 데탕트라고 부르는 긴장 완화 체제가 시작됩니다.

앞서 말했듯이 「미스 사이공」은 메이저 뮤지컬로서는 드물게

---

* TBS FM 라디오 「김어준의 뉴스공장」, 2018년 5월 4일, 인터뷰.
** 미국 입장에서 한국전쟁은 마오쩌둥의 중국 공산당이 냉전의 한 축을 떠맡을지 여부를 확인할 기회이기도 했다. 결국 중국의 참전으로 냉전 체제가 새로운 세계 질서임이 확실해졌다.

뮤지컬 「미스 사이공」의 한 장면.(출처: ibdb.com)

최근의 현대사를 다룬다는 점에서 그 기만적인 프레임과 왜곡된 시선에도 불구하고 인문학적인 검토의 가치가 있습니다. 특히 호치민을 올바로 이해하는 것이 무엇보다 중요합니다.

  1막 중후반에 등장하는 넘버 〈용의 아침 The Morning of the Dragon〉과 〈지금 이 시간 This is the Hour〉은 호치민의 거대한 흉상을 전면에 내세우며 정치적 보복과 숙청이 난무하는 통일 베트남의 상황을 그립니다. 호치민은 마치 마오쩌둥, 스탈린, 김일성, 폴 포트 같은 전형적인 공산주의 독재자의 이미지로 무대에 등장합니다.* 〈지금 이 시간〉은 분명 호치민에 대한 베트남 민중들의 존경과 사랑을 묘사하는 힘차고 웅장한 넘버이지만, 이 노래가 등장하는 지점은 킴이 아들을 지키기 위해 어쩔 수 없이 공산당의 간부가 된 과거의 약혼자 투이를 죽이고 괴로워하는 순간입니다. 「미스 사이공」의 이러한 교묘한 배치와 연출 덕분에 베트남 민중의 영웅 호치민이 킴에게는 고통과 억압을 주는 반동적 인물로 나타납니다. 적어도 베트남 민중 절대 다수의 보편적인 정의와 행복은 킴의 사랑과는 양립할 수 없음을 표현합니다. 킴과 킴의 아들을 이용하여 미국 입국을 꿈꾸는 엔지니어는 〈편히 죽고 싶다면 If You Want to Die in Bed〉을 부르며 "호 아저씨!** 뉴욕에서 전화 때릴게"라며 호치민을 조롱하기도 합니다.

그러나 호치민이야말로 이데올로기의 대립이 베트남 민중에게 본질적인 문제가 아니었음을 통찰한 지혜로운 지도자였습니다. 미국이 베트남에서 손을 떼기로 결정한 결정적 이유는 호치민에 대한 오판을 바로잡았기 때문입니다. 호치민이 소련·중국과 손잡고 미국을 위협할 공산주의 투사라는 오판 말입니다.

---

* 물론 호치민은 이미 1969년에 노환으로 타계했기 때문에 베트남의 통일을 보지 못했다. 호치민 사후에는 레두안 등 급진적 후계자들이 베트남 공산당을 이끌었다.

** 베트남 인민들이 호치민을 부른 애칭이다.

1960년대 내내 북베트남의 정규군과 남베트남 민족해방전선*이 소련과 중국의 지도와 지원을 받아가며 미국과 전쟁을 치른 것은 사실이지만, 이는 미국에 대한 위협이 아니라 미국의 개입에 대한 반응입니다. 아이러니하게도 인도차이나의 공산화를 막으려는 미국의 적극적이고 무리한 개입과 상처뿐인 허망한 철수 때문에 인도차이나는 공산화됩니다.** 호치민은 민족주의자로서 미국의 건국과 독립 정신을 흠모하고 존경하고 있음을 일찍부터 미국에 지속적으로 어필했지만 미국은 사회주의자 호치민의 일면만 판단하고 호치민의 러브콜을 묵살합니다. 베트남 민중과 호치민이 프랑스로부터 독립하는 과정에서 사회주의라는 틀을 받아들였을 뿐, 미국과 대립하려는 적대적 의도가 없었음을 미국은 전쟁의 막바지에 가서야 비로소 깨닫습니다. 실제로 그 당시 호치민에 대해서는 두 가지 평가가 공존했습니다. 한편으로 호치민은 노련한 공산주의 요원이라는 평가를 얻으면서도, 다른 한편으로는 국제정치의 복잡성을 이해하는 가운데 그 이해에 따라 행동하는 현실적 실용주의자라 여겨졌습니다. 미국의

---

* 한국인에게는 '남베트남 민족해방전선'이라는 공식 명칭보다 이들에 대한 경멸적 명칭인 '베트콩'이 더 친숙하다.

** 이는 마치 오이디푸스의 저주가 실현되는 방식과 같다. '아들이 아버지를 죽이고 어머니를 범한다'는 신탁의 저주는, 그 저주를 피하기 위해 아들 오이디푸스를 버린 아버지 라이오스의 행동 때문에 결국 실현된다.

존슨 대통령은 호치민의 가장 완강한 적수였다고 할 수 있는데, 그조차도 "이따금씩 자신이 '호치민 노인네'하고 단둘이 만날 수만 있다면 노련한 정치가들답게 어떤 식으로든 타협을 끌어낼 수 있을 것이라고 말하곤 했다"*고 합니다.

그러나 이미 양측이 너무나 많은 인적·물적 희생을 치른 후였지요. 늦었지만 정확한 미국의 판단대로 통일된 베트남은 그 뒤 실질적으로 중국을 견제하는 인도차이나의 맹주로 자리매김합니다. 심지어 북베트남에 물심양면 지원을 아끼지 않던 중국과 두 차례에 걸쳐 전쟁을 벌이기도 합니다.**

호치민은 비록 분단 상황에 처하더라도 결국 '외세로부터의 독립'이 문제의 본질이라는 것을 잊지 않았습니다. 공산주의를 표방한 북베트남, 자본주의 진영을 대변한 남베트남***으로 분단되었어도 이는 단지 외세가 그들의 이해관계를 이데올로기 대립으로 투영한 허상임을 정확히 포착한 것입니다. 외세에 의한 분단을 마치 자신의 본질적 문제인 양 스스로 뒤집어쓴 한반도

---

* 윌리엄 J. 듀이커, 앞의 책, 818쪽.

** 오늘날 베트남과 미국 사이의 군사적 협력은 중국 견제라는 문제에 공감하기 때문이다.

*** 우리가 보통 월남이라고 부른 정치 집단은 남베트남이며 북베트남은 월맹이라고 부른다. 또한 '공산주의 대 자유주의'라는 용어도 적절치 않다. 자유주의는 그 자체로 편견과 가치를 내포한다. '공산주의 대 자본주의'가 적절한 용어다.

의 과오를 호치민은 올바로 관찰하고 반면교사로 삼은 것입니다. 전쟁 기간 중 미국의 피해도 컸지만 베트남 민중의 희생은 미국과 비교가 불가능할 정도로 처참했습니다. 하지만 그럴수록 호치민과 베트남 민중은 몇십 년이 걸리든 몇백만 명의 희생이 따르든 자신들은 결코 냉전의 희생양으로 분단이 고착된 한반도의 사례를 되풀이하지 않겠다는 무서운 의지를 보여줬습니다. 베트남은 통일 후 현실 사회주의의 부작용과 맹점임이 분명해 보이는 원인들 때문에 20년 가까이 경제가 발전하지 못했고 민중의 삶은 크게 나아지지 않았습니다. 베트남과 달리 우리는 역사적 정의와 민족의 긍지 대신 냉전 이데올로기를 우리의 실체와 본질로 선택했습니다. 역사적 죄인에 대한 단죄 없이 냉전 이데올로기가 새로운 정의로 받아들여졌고, 개발 독재로 인한 외형적 경제 성장에도 불구하고 여전히 치유되지 못한 상처와 갈등은 틈만 나면 머리를 내밉니다. 베트남은 오랜 시간이 걸렸지만 끝내 정의의 기준을 세웠고 후유증을 극복했으며 이제는 무서운 속도로 경제 성장을 이루고 있습니다. 민족적 자긍심을 회복하고 냉전을 극복하는 과정에서 우리와 베트남 중 어느 쪽이 남는 장사를 했는지 냉정한 판단이 요청됩니다. 미래의 경제 성장 가능성까지 고려할 때 베트남의 손익 계산서가 더 건강하지 않을까요? 저는 그렇게 생각합니다.

분단이라는 상황 때문에 우리는 항상 어떤 편견에 사로잡혀

뮤지컬 「미스 사이공」의 한 장면.(출처: 유니버셜픽쳐스인터내셔널코리아(유))

있습니다. 자유와 민주의 정신은 자본주의 사회의 전유물이며 공산주의나 사회주의는 그렇지 못하다는 편견 말입니다. 그래서 우리는 냉전 시대에 자본주의 진영이라는 표현보다는 자유주의 진영이라는 말을 선호했습니다. 냉전 시대 막바지에 소련이나 동유럽의 현실 사회주의 국가들이 도미노처럼 붕괴하면서 그러한 인식은 더욱 굳어졌습니다. 하지만 조금만 더 시야를 넓혀보면 우리보다 의식 수준과 경제력이 높은 선진 사회에서는 대부분 사회주의와 자본주의 이데올로기가 모두 공존을 고민하며 함께 어울려 살고 있습니다. 냉전의 붕괴가 주는 교훈은 '자본주의라서 행복해요'가 아니라 특정한 이데올로기만 고집하면 망한 다는 것입니다. 현실 공산주의가 좀 더 드라마틱하게 망했을 뿐이지, 자본주의 만능을 고집하는 사회 또한 내부적으로 썩어 들어가고 있습니다. 우리는 지난 2016-2017년 촛불혁명을 통해 두 전직 대통령을 감옥으로 보내며 이를 생생히 체감했습니다. 호치민은 냉전의 한복판을 살아가면서 분명 공산주의가 자본주의보다 우월한 체제라는 신념을 바꾸지 않았습니다. 그러나 순수한 이데올로기적 신념만은 아니었습니다. 궁극적으로 독점적 자본주의는 민중의 자유와 민주와는 양립할 수 없다는 신념 때문이었습니다.

물론 듀이커는 호치민 역시도 소련의 모습을 보며 소비에트 실험에 대한 믿음이 훼손되고, 프롤레타리아 국제주의에 대해서도 의심을 품기도 했으리라 추측합니다. 그러나 그럼에도 불구하고 호치민은 "죽는 순간까지 자본주의 모델은 아시아, 아프리카, 남아메리카 전역의 억압받는 민족들에게 헤아릴 수 없이 큰 고통을 안겨주었다는 입장을 완강하게 고수했"습니다. 어떤 사건에도 사회주의가 자본주의보다 더 나은 체제라는 그의 신념은 흔들리지 않았던 것입니다.*

우리는 공산주의의 단점만을 기계적으로 의식화할 것이 아니

---

* 윌리엄 J. 듀이커, 앞의 책, 831쪽.

라 일제강점기와 해방 공간을 거치면서 왜 그토록 많은 지식인들이 공산주의와 사회주의에 경도했는지를 살펴봐야 합니다. 그것은 위에서 언급된 호치민의 입장을 통해 유추해 볼 수 있습니다. 우리 사회에서 흔히 극우 보수*라 불리는 견고한 계층이 왜 그토록 자본주의에 허울뿐인 자유와 민주주의를 투사하는지도 역시 호치민을 통해 반추해 볼 수 있을 것입니다.

우리 사회에서는 아마도 많은 사람들이 아직 냉전 체제를 중요한 가치관 삼아 살고 있을 겁니다. 그러한 가치관이라면 베트남의 통일을 '통일'이라는 관점보다는 '공산화'라는 시선으로 바라보는 게 더 편할 겁니다. 점점 우리 사회에서 다양한 가치관이 존중받고 있기 때문에 과거 지향적인 가치관도 여전히 존재한다는 사실은 인정해야 합니다. 다만 제가 베트남의 통일을 부러워하는 이유는 공산화보다는 민족국가** 수립이라는 차원입니다. 민족국가는 사실상 근대의 개념이며 생성적인 개념입니다. 종교개혁과 르네상스 이후 수많은 서구 열강들이 분열된 상태에서 민족국가라는 기치 아래 통합되었고, 그 과정에서 내전

---

* 우리 사회에서 자칭 우파, 보수라 부르는 계층은 유럽의 기준에서는 '수구적 반동'에 가깝다. 이는 본래적 의미의 우파와 보수에 대한 모욕이다.

** 민족국가는 Nation State이고, 여기서 'nation'은 혈연적 동질성만을 뜻하진 않는다. 예를 들어 중국에 한족이나 중국 민족이라는 혈연적 공동체는 없다. 중국은 중화라는 이데올로기 아래에 형성된 정치 공동체이다.

을 겪기도 했으나 내전을 극복한 이후에는 빠른 성장을 이룩했습니다. 민족국가들 간의 과도한 성장과 경쟁 때문에 제국주의와 세계대전이라는 비극이 찾아오기도 했습니다.* 베트남은 지금도 60개 가까이 되는 소수 민족들이 함께 살아가고 있습니다. 심지어는 공용어인 베트남어로 소통이 안 되는 소수 민족도 있습니다. 더구나 프랑스 식민지 이전까지 근대적 의미의 통일된 정치 체제도 없었습니다.** 호치민과 베트남 민중은 식민 시절 이전의 통일된 민족국가 체제를 되찾은 것이 아니라 30년 넘게 외세와 투쟁하며 통일된 민족국가를 사후에 획득한 것입니다. 비로소 그들은 통일된 베트남이라는 가치 아래에 근대적 의미에서 최초로 하나가 된 것입니다. 제가 부러운 것은 바로 그 지점입니다. 분단 국가인 우리는 아직도 근대적 의미의 민족국가조차 경험해 보지 못했습니다. 굉장히 부끄러운 일입니다. 우리는 소수 민족들이 난립한 베트남보다 민족적 정체성이 훨씬 단순했는데도 말입니다.

---

* 1장에서 밝혔듯 당시 민족국가의 환상을 만들어내고 지탱해 준 것이 오페라다. 묘하게도 민족국가의 문제점이 드러난 1차 세계대전의 발발과 함께 오페라가 멸종하고 현대 뮤지컬이 등장한다. 이와 관련된 깊은 논의는 『오페라의 두 번째 죽음』에서 찾아볼 수 있다.

** 이 점을 이용하여 식민지 시절 프랑스는 현재의 베트남을 세 영역으로 분할하여 통치divide and rule했다.

여전히 남한과 북한의 통일과 교류에 부정적인 시선들이 많습니다. 북한도 남한에 대해서 그러한 시선이 다수일 겁니다. 그러한 입장들이 나름 타당하게 보이는 이유와 근거들도 존재합니다. 그러나 한 꺼풀 벗겨보면 그 바탕에는 분할과 분단을 통해서만 유지될 수 있는 특정한 계층들의 특권과 욕망들이 깔려 있습니다. 그것이 바로 냉전 이데올로기의 사고방식입니다.

냉전 이데올로기는 물리적으로 이미 죽었습니다. 「미스 사이공」은 냉전의 사망 직전에 쏘아 올려진 마지막 불꽃놀이 같은 것입니다. 하지만 냉전의 유령은 여전히 자신이 죽은 줄 모르고 우리 주변을 서성이고 있습니다. 저는 베트남 호치민시*에서 「미스 사이공」이 무대에 오르는 날이 오기를 간절히 바랍니다. 그것이 바로 냉전이 비로소 두 번째 죽음**을 맞이했다는 가장 확실한 표식일 테니까요.

---

* 베트남 통일 전까지 호치민시의 이름이 바로 사이공이었다.
** 1장에서 언급한 『오페라의 두 번째 죽음』에서 등장하는 '두 번째 죽음'의 개념을 참조하라.

작품 해설

「미스 사이공」
'내 꿈의 한 장면'

부이도이Bui Doi의 의미를 아시나요? 다소 우리에게 익숙하지 않은 단어일 텐데요. '거리의 아이들'이란 의미인 이 단어는 「미스 사이공」에서 삶의 먼지Dust of life라는 은유적인 표현으로 사용되어 베트남전쟁 후 미국 군인과 베트남 여자 사이에 태어난 아이들을 지칭합니다. 베트남전쟁 종전 후 베트남 여자들은 미국으로 돌아간 남자에게 아이를 보내는 것이 그 아이의 행복을 위해 최선이라 생각합니다. 하지만 미국으로 보내진 아이가 엄마의 판단에 전적으로 동의하며 그 상황을 쉽게 받아들일 리 없습니다. 이런 안타까운 모습이 찍힌 사진 한 장이 「미스 사이공」의 모티브가 됩니다.

1954년 호치민이 이끄는 베트남은 프랑스의 식민지에서 독립하지만, 구소련과 중국의 이권 다툼으로 남과 북으로 갈라집니다. 베트남이 사회주의 국가가 되는 것을 원치 않던 강대국들의 개입으로 베트남은 제네바회담을 통해 호치민이 이끄는 북베트남과 미국이 지원하는 남베트남으로 나뉘게 됩니다. 1964년 북베트남 경비정과 미군 구축함의 해상 전투인 미국의 자작극 통킹만 사건으로 미국의 적극적인 개입하에 북베트남과 남베트남은 전쟁을 치릅니다. 하지만 반전 여론이 높아지고 리처드 닉슨이 대통령으로 당선되면서 미국은 결국 철수합니다. 이후 북베트남이 사이공을 점령하면서 전쟁은 끝이 납니다. 이때가 바로 「미스 사이공」의 배경이 되는 1975년입니다.

베트남전쟁은 미국의 이권 다툼을 위한 전쟁이었으며, 당시 미군이 뿌린 고엽제로 지금까지도 베트남 국민들은 기형아와 장애로 고통받으며 회복할 수 없는 전쟁의 상처로 눈물 흘리고 있습니다. 강대국의 이권 다툼을 위해 한 아시아 국가는 암흑의 시대를 보내야 했습니다. 이런 역사 때문일까요? 「레미제라블」의 작곡가와 작사가로 잘 알려진 프랑스인 클로드미셸 쇤베르그와 알랭 부브릴이 이 작품에 참여한 것은 의미심장합니다. 동양이라는 이국적 소재가 뮤지컬의 확장에 또 다른 힘으로 작용할 것이라는 창작 의도와 함께 프랑스의 식민지 역사에 대해 사죄하는 마음이 이 작품에 어느 정도 스며들어 있지 않았을까 하는 생각이 들기도 합니다.

푸치니 Giacomo Puccini의 오페라 작품 「나비부인」이 원작인 「미스 사이공」은 19세기 후반 청일전쟁 중 일본 나가사키에 파견된 핑커턴을 향한 초초상의 사랑을 그린 이야기가 베트남전쟁으로 고아가 된 킴과 미국에서 온 군인 크리스의 비극적 사랑 이야기로 각색되었습니다. 그리고 전쟁의 파편들 속에서도 꿋꿋이 살아갈 수 있게 만들어 주는 꿈에 대해 이야기합니다. 언젠가는 꼭 이루고 싶은 꿈, 마음속으로 늘 열망하는 꿈, 꿈에서도 그리운 꿈을 노래합니다. 미군들을 상대로 운영하는 '드림랜드'에서 일하는 매춘부 지지는 미국 병사를 만나 새로운 삶을 살게 되기를 꿈꿉니다. 그러나 이것은 뮤지컬 넘버 〈내 꿈의 한 장면 Movie in My Mind〉처럼 잡을 수 없는 그저 꿈속의 한 장면일 뿐입니다. 서로 첫눈에 반한 크리스와 킴은 사랑을 나누고, 서로의 마음이 진심임을 이야기합니다. 또 킴은 〈이 돈은 너의 것 This Money's Yours〉에서 폭격 맞은 가족, 얼굴이 날아간 부모를 회상하며 아픈 기억을 돌아보기도 싫어서 차라리 죽는 게 더 낫다고 노래하며 자신의 꿈이 전쟁 때문에 어떻게 무너져 버렸는지 이야기합니다. 크리스는 그런 그녀를 행복하게 만들어 주기로 결심하며 "꿈 같은 솔로 색소폰, 날 꼭 안고 춤을 춰요. 마치 세상이 끝날 것처럼"이라는 아름다운 가사의 노래 〈세상의 마지막 밤The Last Night of the World〉을 킴과 함께 부릅니다. 킴이 꿈꿀 수 있게 도와주겠다며 사랑의 맹세를 하는 크리스의 진심이 담겨 있지만, 결국 크리스는 미국이 전쟁에서 패하자 그녀를 베트남에 남겨둔 채 떠나게 됩니다. 킴은 미국으로 떠나버린 크리스가 언젠가 돌아올 것이라고 믿으며 〈나는 아직 믿어요I Still Believe〉를 부릅니다. 한 가닥 희망을 놓지 않고 꿈을 꾸는 킴. 하지만 동시에 이층 무대에 미국으로 떠난 크리스와 그의 아내 엘런이 함께 등장하면서 킴의 꿈은 깨어질 거라는 암울한 미래를 암시합니다. 한편, 킴을 짝사랑해 오던 사촌 투이와 킴이 서로 다른 꿈을 꾸며 고통스러워하는 〈지금 이 시간This Is The Hour〉과 자신의 꿈이자 희망인 아들 탬을 목숨을 바쳐서라도 지키겠다는 그녀의 처절한 각오가 드러나는 〈내 목숨 너를 위해 바치겠어I'd Give My Life for You〉에서 그녀에게 밀려올 거친 파도와 같은 격정적인 삶을 예고합니다. 그리고 이들과 마찬가지로 아메리칸 드림을 꿈꾸는, 포주 엔지니어의 노래 〈서양인의 코를 보여줘Let Me See His Western Nose〉와 〈아메리칸 드림〉 역시 사력을 다해 미국 비자를 받아 미국 땅에서 누리며 살고 싶은 그의 염원을 강력하게 드러냅니다.

「미스 사이공」은 아픈 현실 속에서도 한 가닥 희망을 놓지 않고 꿈꾸는 사람들의 이야기를 노래하고 있습니다. 하지만 그들이 버텨야 할 현실은 빗물 고인 진흙탕 정도가 아니라 어둡고 침침한 깊은 늪입니다. 꿈은 크게 꿀수록 좋다는 말도 있지만, 이 작품에는 통하지 않습니다. 꿈을 꿀수록 이들에게는 더욱더 큰 상처만 남기게 되니까요. 한 가지 다행인 것은 꿈이 있다는 사실 자체가 늪에서 버틸 힘을 준다는 것입니다. 어쩌면 꿈이 있기 때문에 그들이 살아갈 수 있었는지도 모르겠습니다. 하지만 그 실오라기 같은 꿈이 연기처럼 사라지는 순간, 극한 박탈감에 사로잡혀 살아갈 이유를 찾지 못하는 상태가 됩니다. 이렇게 한순간 삶의 희망이 사라지면 죽음도 두렵지 않게 될 수 있는 것이 인생이지요. 크리스가 결혼한 사실을 알고, 탬을 그에게 보내면서 권총으로 자살한 킴처럼 말입니다. 이들의 이야기는 꿈의 위대한 영향력을 부각하기도 하지만, 그토록 갈망하던 꿈이 한순간 사라졌을 때 인간이 어떻게까지 변할 수 있는지, 꿈의 양면성을 조명합니다. 누구나 인생에 한 번쯤은 간절히 원하던 꿈이 이루어지지 않아 좌절하고 실망한 적이 있을 것입니다. 아마 한 번도 실망과 좌절을 느껴보지 않은 사람은 없을 거예요. 그때를 잠시 떠올려 보면, 이들의 노래가 더욱 가슴 깊이 전달됩니다.

뮤지컬의 황금기 시대 작품으로 리처드 로저스와 오스카 해머스타인 2세의 「왕과 나」(1956)를 보면 동양을 바라보는 시점에 대하여 「미스 사이공」과 유사한 성격을 가지고 있다는 것을 알 수 있습니다. 「왕과 나」는 가정교사 애나와 태국의 왕을 서양과 동양으로 상징화하며 그들의 문화적 차이를 통해 제국주의를 강화하는 작품입니다. 태국에서는 서양 문물을 현명하게 받아들여 정착한 몽꿋 왕을 존경합니다. 그는 영어뿐만 아니라, 과학에 있어서도 다재다능한 면모를 보였으며, 노예제를 폐지한 왕으로 17년이라는 통치 기간 동안 많은 업적을 이루어 지금도 태국에서 가장 존경받는 왕으로 꼽힙니다. 하지만 작품에서는 태국의 옛 이름 시암과 왕에 대한 모습을 타자화한 모습이 두드러져, 「왕과 나」는 태국에서 지금까지도 금지되어 오고 있습니다. 이러한 식민주의 이데올로기는 「미스 사이공」 작품 곳곳에 깔려 있습니다. 미국은 불공정하게 베트남전에 개입했음에도 자신들의 우월감에 도취되어 베트남을 타자화하고 열등한 대상으로 인식합니다. 그 대표적인 예가 드림랜드에서 돈을 받고 몸을 팔며 생계를 이어가는 베트남 여자들과 그녀들을 찾는 미군 병사들입니다. 특히 크리스가 미국으로 돌아가 다른 여자와 결혼했음에도 그가 돌아오기만을 기다리는 킴은 전형적으로 타자화된 인물이라고 할 수 있습니다. 순결한 사랑을 지키는 여자로 읽히기보다 현실성이 부족한 여성으로 인식됩니다. 마음속에 '현실 부정'이라는 자기방어 기제가 작용하여, 크리스가 언젠가 돌아올 것이라는 생각이 작용했을 수도 있습니다. 반면 크리스의 새 아내인 엘런은 킴보다 우월한 캐릭터로 설정되어 있습니다. 엘런은 바르고 이해심 많은 성격의 여성으로 그려지는 반면 킴은 몸을 팔면서 힘들게 아이를 키워 나가는 하층민으로 대조됨으로써 베트남에 대한 열등한 이미지는 짙어갑니다.

사실 킴보다 더한 캐릭터는 드림랜드의 포주인 엔지니어입니다. 그는 이 작품에서 가장 뿌리 깊은 식민주의를 드러내는 캐릭터로, 그의 꿈은 오로지 미국행입니다. 미국에 가면 큰돈을 벌며 살 수 있을 거라는 아메리칸 드림에 부풀어 있습니다. 이러한 설정은 엔지니어가 식민화로 길들여진 피식민 주체임을 드러내는 동시에 미국 제국주의를 직접적으로 표상합니다. 또 그는 프랑스인 아버지와 베트남인 매춘부 어머니 사이에서 태어나 드림랜드를 운영하며, 포주인 하위 주체로 살아가고 있습니다. 하지만 자신의 고향인 베트남을 벗어나 끊임없이 성공을 위해 미국으로 가고자 하는 모습에서, 그의 태생적 혼종성을 엿볼 수 있습니다. 이러한 혼종성은 킴과 크리스의 아들 탬에게도 그대로 투영됩니다. 킴은 탬이 미국으로 가야 행복할 수 있다고 생각하며 크리스가 있는 미국으로 보내길 원하지만, 과연 탬의 입장에서는 엄마를 떠나, 한 번도 본 적도 없는 아빠와 살고 싶을까요? 아마도 탬은 어느 곳에도 소속될 수 없는 무거운 소외감을 느끼며 평생을 살게 될지도 모릅니다.

이러한 오리엔탈리즘orientalism 요소는 서양을 긍정적 이미지로, 그들의 지배하에 있던 베트남을 부정적 이미지로 이해하도록 합니다. 하지만 동양을 서양의 부속물 정도로 이미지화하는 모습이 모두 창작의 힘으로 만들어졌다고 보기도 어렵습니다. 베트남전쟁에서 이득을 취하기 위한 자신들의 행위를 정당화하고 있는 미국의 비열한 행동이 역사에 그대로 드러나고 있기 때문이죠.

마지막으로 이 작품에서 또 한 명의 재미있는 인물을 언급하고 싶습니다. 바로 우리 마음을 혼란스럽게 하는 크리스의 친구 '존'입니다. 그는 1막에서 '드림랜드' 클럽을 드나들면서 돈을 주고 베트남 여자와 하룻밤을 지내는 인물로 등장합니다. 하지만 깜짝쇼를 보여주기라도 하듯이 2막에서는 부이도이 재단을 설립해 베트남 여자와 미국 군인 사이에 태어난 2세들을 위해 일하는 역할로 바뀝니다. 그리고 너무나도 진심을 다해 〈부이도이Bui Doi〉를 노래합니다. 대표적으로 식민지 지배자를 상징하는 인물에서 극적으로 화해의 손을 내미는 인물로 등극해 버립니다. 이는 과거의 미국의 모습을 비유하는 동시에, 작품에 흐르는 편향된 오리엔탈리즘을 흐릿하게 하려는 의도는 아니었나 하는 생각이 들기도 합니다.

하지만 곳곳의 이런 요소들을 통해 전쟁으로 인한 아픔의 역사를 되돌아 볼 수 있는 기회를 제공합니다. 그래서 식민주의 이데올로기 성향을 지닌 작품으로만 치부할 수도 없습니다.

더욱이 한번 듣게 되면 잠들지 못할 만큼 아름다운 음악과 처절할 정도로 느껴지는 꿈에 대한 열망 가득한 가사, 멋들어진 배우들의 연기, 전쟁의 어두운 현실을 너무도 생생하게 전하는 무대들이 매력적이기에, 앞서 언급한 부정적인 인식들은 어느샌가 무색해지기도 합니다.

제7장

민중의 노래가 들리는가?

「레미제라블」과 『공산당 선언』의 시대정신

 원작이 따로 있는 뮤지컬일 경우 해당 뮤지컬 작품은 독창성이 다소 떨어지기 마련입니다. 만약 그 원작이 이름만 대면 누구나 알 정도로 유명하다면 더욱 그렇습니다. 그나마 소설 같은 문학작품이 원작이라면 텍스트 장르를 무대화한다는 점에서 뮤지컬 버전의 의미를 조금이라도 얻어낼 수 있겠지만, 예컨대 히트한 영화를 원작으로 삼는 뮤지컬*은 얄팍한 상술만 부각되어 작품성도 흥행도 모두 모양이 빠지는 경우가 대부분입니다.**
 그렇다고 문학작품이 원작인 뮤지컬이라는 이유로 모두 대우를 받는 것은 아닙니다. 만약 대문호 빅토르 위고의 작품을 건드

---

* 무비컬이라고 한다.
** 거의 유일한 예외가 있다면 「금발이 너무해Legally Blonde」 정도가 있다.

린다면 이만저만한 위험을 감수하지 않으면 안 될 것입니다. 세계 4대 뮤지컬로 추앙받는 「레미제라블」이 위대한 이유는 이러한 위험을 떠안았으면서도 원작에 버금가는 예술적 가치를 인정받았기 때문이 아닐까 싶습니다. 어찌 보면 우리는 대부분 뮤지컬 「레미제라블」에 대한 막연한 이미지만으로 빅토르 위고의 원작 소설을 읽은 척합니다. 그만큼 뮤지컬 「레미제라블」은 또 다른 독창성이 있습니다. 무시무시할 정도로 많은 곁가지 이야기와 압도적 두께*의 원작 소설을 생각할 때, 뮤지컬 버전이 존재한다는 사실에 오히려 고마움을 느껴야 할지도 모르겠습니다. 2012년에 휴 잭맨, 앤 해서웨이, 러셀 크로우 등의 호화 출연진으로 만들어진 영화 「레미제라블」은 소설을 각색한 것이 아니라 뮤지컬 「레미제라블」을 스크린에 옮긴 뮤지컬 영화입니다.

「레미제라블」이 원작이 따로 있음에도 원본성을 인정받는 이유는 단연코 음악입니다. 대사가 거의 없이 노래로만 진행되는 뮤지컬임에도 지루할 틈이 없을 정도로 완벽한 음악적 완성도를 보여줍니다. 작가 알랭 부브릴과 클로드미셸 쇤베르그가 만들어 낸 위대하고 아름다운 넘버들은 「레미제라블」의 독창성을 충분히 보증합니다. 더 정확히 말하면 뮤지컬 작가들이 만들어낸 음악이 위고와 소설의 시대정신을 무대 위에 충실히 재현했기 때

---

* 역대 가장 긴 소설 25위에 올랐다.

원작 『레미제라블』을 쓴 빅토르 위고.(출처: 위키피디아)

문에 「레미제라블」은 독보적 가치를 갖습니다. 부브릴과 쇤베르그가 만들어낸 또 다른 4대 뮤지컬 「미스 사이공」은 역사를 대하는 태도에 문제가 있지만 「레미제라블」은 원작의 역사와 시대정신을 진지하게 이해하고 있습니다. 원작에 견줄 만한 가치가 있는 이유는 바로 원작에 대한 충실한 이해입니다. 「레미제라블」을 대표하는 넘버 〈민중의 노래가 들리는가 Do You Hear the People Sing?〉, 〈내일이면 One Day More〉, 〈집으로 Bring Him Home〉 등은 위고의 삶과 원작 소설의 정신을 잘 표현하고 있습니다. 작품의 제목

(위) 뮤지컬 「레미제라블」의 합창 장면.
(출처: 위키피디아)
(아래) 뮤지컬 「레미제라블」 포스터.
(출처: 위키피디아)

격변의 시대에서 위고가 목격한 '불쌍한 사람들'은 이른바 시민계급이라 불리던 부르주아에게 배신당한 '프롤레타리아'입니다.

이 뜻하는 '불쌍하고 억압받는 사람들'에 대한 애정 어린 태도가 뮤지컬에서도 그대로 나타난 것입니다.

1862년에 출판된 위고의 원작은 프랑스와 유럽의 근대 혁명사에 대한 이해가 필요합니다. 봉건시대에서 시민혁명을 거쳐 근대 자본주의로 이행하는 시대정신을 이해해야 합니다. 이뿐 아니라 혁명이 부르주아 자본가들의 이데올로기에 의해 얼마나 변질되었는지에 대한 인식도 필요합니다. 격변의 시대에서 위고가 목격한 '불쌍한 사람들'은 이른바 시민계급이라 불리던 부르주아에게 배신당한 '프롤레타리아'입니다.

전형적인 자본주의적 공장에서 착취를 당하는 팡틴이 부르는 넘버 〈지난날의 꿈 I Dreamed a Dream〉은 불쌍한 사람들이 왜 불쌍한지를 잘 보여줍니다.

"한때는 꿈을 믿었지. 희망이 가득하던 시절/사랑이 영원하도록 하늘도 축복할 거라고 (······) 잠시 눈을 떴을 때 나를 짓밟은 그 시선/모든 꿈을 빼앗고 헐벗은 나를 보았네/그와 함께한 여름날 모든 게 새롭던 그 순간/그는 내 어린 시절을 가을에 담아 떠났네/다시 그가 날 찾아와 함께할 삶을 그려봐도/닿을 수 없는 꿈처럼 점점 더 멀어져만 가네/바라던 인생, 이건가?/왜 난 이 지옥에서 사는가?/그 꿈은 어디로 갔나?/다신 찾지 못할 내 꿈"이라는 이 노래의 가사는 단순히 팡틴이라는 한 여성이 겪은 인생의 고초만을 담고 있지는 않습니다.

봉건시대의 종말이 또 다른 지배와 예속을 가져온 것에 대한 회한과 분노, 부르주아 계급이 프롤레타리아 계급에 가한 역사적 배신으로 읽을 때 더 정확한 의미가 드러납니다. 지나치게 정치적 해석이 아니냐고 반문한다면 위고가 어떤 삶을 살았는지 좀 더 생각해 볼 것을 권합니다. 위고는 대문호이면서 동시에 매우 정치적인 인물이었고 실제로 직업 정치인이었습니다. 그의 인생은 프랑스혁명의 진행과 변질 과정의 한복판을 통과합니다. 그의 부친은 나폴레옹 휘하의 장군이었고 외가는 왕당파였습니다.* 그래서 젊은 시절에는 보수적 성향이 강했습니다. 나폴레옹의 제정과 왕정복고로 인한 새로운 국면은 혁명의 위상을 바꾸어 놓았고 위고의 청년기에도 영향을 끼쳤습니다.

    소설 『레미제라블』에는 인생 후반기 많은 변화를 겪은 위고의 정치적 입장이 반영되었습니다. 그는 어느새 좌파의 거두로 대접받고 있었습니다. 최상류층 출신은 아니었지만 부족함이 없는 집안에서 출생하여 문학가로서도 큰 성공을 거두어 부유한 삶을 살았지만 나이를 먹을수록 그는 자신의 신분적 배경이나 토대와 점점 불화했고 혁명 이전으로 유럽을 되돌리려는 반동적 흐름을 강하게 비난했습니다. 급기야 그의 대표작 『레미제라블』은 부르주아 혁명 동지들에게서 배신당한 계층에 대한 연민과 관심에서

---

* 마리우스라는 인물은 위고의 집안 배경이 투영되었다.

태어났습니다. 만년에는 최초의 공산주의 정치 체제인 파리 코뮌까지 목격합니다. 실로 물리적인 인간의 수명이 허락하는 최대한의 시간 동안 프랑스혁명의 흥망성쇠를 몸소 겪었습니다.

그가 보여주려 한 '불쌍한 사람들'이 '프롤레타리아'라는 공산주의적인 개념과 반드시 일치하지는 않습니다만, 초판 서문에서 위고는 '프롤레타리아'를 시대의 모순이 드러난 지표로 분명히 가리키고 있습니다.*

> 법률과 관습이라는 이름으로 문명의 한복판에 인위적인 지옥을 만들고 신성한 운명을 불행으로 뒤얽히게 하는 사회적 저주가 존재하는 한, 빈곤**에 의한 남성의 추락, 기아에 의한 여성의 타락, 빛의 결핍으로 인한 아이의 비뚤어짐, 우리 시대의 이 세 가지 커다란 문제가 해결되지 않는 한, 세상 어느 곳에든 사회적 질식이 존재하는 한, 나시 말해 더 넓은 견지에서 지상에 무지와 빈곤이 존재하는 한, 이 같은 책이 완전히 쓸모없지는 않으리라.
> ─오트빌 하우스에서, 1862년.***

---

* 위고는 초판의 서문에서 '프롤레타리아'의 개념을 주로 남성 노동자의 빈곤이라는 문제로 다룬다.
** 프랑스어 원문은 'proletariat', 영어판에서는 'pauperism'이다.
*** Victor Hugo, Les Miserables(English language), Public Domain Books, Kindle Edition.

위고는 이 서문을 통해 시대 모순의 표식을 장발장(빈곤에 의한 남성의 추락), 팡틴(기아에 의한 여성의 타락), 가브로슈(빛의 결핍으로 인한 어린이의 일탈)로 요약하여 지적하고 있습니다. 위고가 나이를 먹고 정치적으로 좌파가 된 것은 이러한 문제점들이 시대 자체가 만들어내는 '산물'임을 깨달았기 때문입니다. 그 자신은 부유한 계급이지만 프롤레타리아로 대표되는 '시대 모순의 부산물'에는 공동의 책임이 있다는 진실을 외면하지 않은 것입니다.

거의 같은 시기에 방식은 다르지만 동일한 시대정신을 담은 짤막한 소책자가 벨기에의 브뤼셀*에서 인쇄됩니다. 소책자의 저자는 카를 마르크스와 프리드리히 엥겔스라는 혈기 왕성한 독일 젊은이들이었습니다. 이 책자의 제목은 『공산당 선언』으로 지금은 인류 역사에 가장 큰 영향을 끼친 대저작으로 인정받지만 출간 당시에는 몇몇 지인들만 보았을 정도로 그 영향은 미미했습니다. 이 짧은 인쇄물은 『레미제라블』에서 위고가 보여준 시대정신과 놀라우리만큼 닮았습니다. 정치철학의 관점에서 쓰인 매운맛 『레미제라블』이 바로 『공산당 선언』입니다.

위고가 소설 서문에서 사회적 질식, 지옥과 불행을 야기하는

---

* 소설 『레미제라블』의 많은 부분도 같은 도시에서 쓰였다. 당시 브뤼셀은 정치적으로 박해를 받는 사람들이 모여 있는 도시였다.

법률과 관습으로 표현한 부조리와 모순이 『공산당 선언』에서는 부르주아지가 자신의 생존을 위해 동원하는 파괴와 착취의 정황으로 묘사됩니다. 위고의 서문에서 빈곤·기아·빛의 결핍으로 인해 고통받는 '불쌍한 사람들'이 『공산당 선언』에서는 부르주아지가 스스로 만들어냈고 부르주아지를 끝장낼 필연적인 산물이라는 적극적인 지위를 부여받습니다. 위고가 당시 자본주의 시대에 대한 진단에 중점을 두는 반면, 마르크스와 엥겔스는 자본주의가 지금까지 어떤 변화를 겪어왔고 앞으로 어떻게 나아갈지에 대한 예견에 관심을 둡니다. 『레미제라블』에서 그러한 변화를 암시하는 입체적인 인물은 테나르디에 부부입니다.* 그들은 여관 주인이면서 고통받는 사람들을 갖은 거짓과 협박으로 착취합니다. 아직 경제적으로 자본가 계급이라 할 수는 없으나 도덕적으로는 프롤레타리아 계급에 매우 적대적인 계층입니다. 『공산당 선언』에는 테나르디에 부부의 캐릭터에 어울리는 계급을 묘사하는 부분이 등장합니다.

마르크스와 엥겔스가 "사회의 쓰레기나 다름없는 '위험한 계급'"이라고 말하는 이 계급은 간혹 운동에 휘말리기도 하지만, 대부분의 경우 자신들의 처지에 따라 "반동적인 음모의 도구로

---

* 테나르디에 부부는 악인 캐릭터이지만 그들에 관한 이야기는 원작과 뮤지컬이 다소 다르다.

매수"되곤 합니다.*

뮤지컬 「레미제라블」에서 테나르디에 부부의 넘버로 많은 사랑을 받은 〈여관 주인Master of the House〉은 그들의 돈에 대한 탐닉을 풍자하는 내용으로 가득한데, 『공산당 선언』에서 묘사하는 부르주아지 계급의 속성이 떠오릅니다.

> 부르주아지는 (……) 적나라한 이해관계, 무정한 '현금 지불' 이외에 인간과 인간 사이에 다른 어떤 관계도 남겨 놓지 않았다. 또한 종교적 열정과 기사도의 열광, 속물적 감상주의 등의 성스러운 황홀경을 이기적 타산이라는 얼음장같이 차가운 물 속에 내동댕이쳐 버렸다. 부르주아지는 개인의 존엄을 교환가치로 녹여버렸고, 특허장으로 확인받은 파기할 수 없는 수많은 자유들을 하나의 파렴치한 자유—상거래의 자유—로 대체했다.**

『공산당 선언』에서 규정되는 파렴치한 부르주아지의 자격은 단순히 돈을 소유하고 있는가 하는 경제적 입장이 아닙니다. 봉건시대의 야만적인 지배와 예속을 파렴치한 경제적 착취로 은폐하고 있어야 진정한 부르주아지로 인정받습니다. 테나르디에 부

---

* 데이비드 보일, 유강은 옮김, 『세계를 뒤흔든 공산당 선언』(그린비, 2005), 59쪽에서 재인용.

** 데이비드 보일, 같은 책, 49쪽에서 재인용.

부는 『공산당 선언』에서 예견하는 부르주아지의 속성에 가장 잘 들어맞는 인물들입니다.

『레미제라블』과 『공산당 선언』은 시대정신을 공유한다는 점에서는 분명 연결 고리가 있습니다. 위고와 마르크스는 꽤 나이 차이가 있긴 하지만 거의 같은 시대를 살았고 타계한 시점도 비슷합니다. 둘은 모두 인생의 말년에 파리 코뮌을 목격했습니다. 『레미제라블』과 『공산당 선언』이 모두 브뤼셀이라는 정치 망명객의 안식처에서 틀이 잡혔다는 것도 역사적인 공통점입니다. 다만 위고는 휴머니즘의 관점에서 해결책을 바라보았고, 마르크스와 엥겔스는 정교한 사회과학의 논리로 귀결되는 필연적이고 무력적인 정치혁명을 꿈꿨습니다. 『레미제라블』의 휴머니즘은 이후 유럽의 사회주의형 복지국가 이념이나 존 롤스의 평등주의 도덕철학과 연결됩니다. 『레미제라블』은 위고가 엄청난 인세를 선금으로 받아낼 만큼 당대의 히트작이었지만 『공산당 선언』은 출간 직후에는 소위 '듣보잡'이었고 레닌에 의해 '혁명의 계시록'으로 공인받기까지는 두 세대가 더 흘러야 했습니다. "프롤레타리아트가 잃을 것이라곤 족쇄뿐이요, 얻을 것은 세계이다. 만국의 노동자들이여 단결하라"*라는 명문장으로 마르크스와 엥겔스는 '불쌍한 사람들'을 혁명의 유일한 주체로 인정합니다. 위

---

* 데이비드 보일, 같은 책, 91쪽에서 재인용.

고의 분신이었던 장발장은 뮤지컬에서 〈집으로〉를 부르며 프롤레타리아의 희생을 추모합니다.

두 작품의 '같음'과 '다름' 중에서 어떤 것에 중점을 둘지는 물론 각자의 선택입니다. 하지만 둘 모두 〈민중의 노래가 들리는가〉라는 시대정신에 대한 나름의 해답이었다는 점은 부인하기 어려울 것입니다. 'People'을 '국민'으로 번역하든 '민중'으로 번역하든 '인민'으로 번역하든 말입니다.

작품 해설

「레미제라블」
'내일이 되면 새로운 삶이 시작될 것이다'

프랑스 낭만파 작가인 대문호 빅토르 위고의 『레미제라블』은 작품의 수준도 뛰어나지만, 총 5부 48편 358장으로 구성된 책의 방대한 분량도 참으로 놀랍습니다. 우리는 어린 시절 읽은 동화를 통해 빵을 훔쳤다가 19년 동안 감옥살이를 하게 된 장발장의 이야기는 잘 알고 있습니다. 하지만 원작 소설은 장발장의 이야기 외에도 프랑스의 제국시대 1815년부터 장발장이 죽음에 이르는 1833년까지, 프랑스 역사의 흐름 속에서 소외되고 억압받는 인물의 형상화부터 정치, 종교, 역사적 배경 등이 무궁무진하게 펼쳐집니다. 이렇게 낭만주의 소설답게 18년간의 방대한 시간을 거슬러 오가며 시대의 격변기를 상세하게 그려내고 있습니다.

그러면, 이렇게 탄탄한 스토리와 방대한 이야기를 3시간이 조금 넘는 뮤지컬로 압축하기 위해서는 어떠한 방법이 있었을까요? 바로 음악의 기능이 절대적으로 중요했습니다. 뮤지컬 「레미제라블」은 빅토르 위고의 원작을 작곡가 클로드미셸 숀베르그와 작사가 알랭 부브릴이 뮤지컬로 각색하여 1980년 프랑스 파리에서 초연한 작품입니다. 이후 프로듀서 캐머런 매킨토시는 그들의 콘셉트 앨범만 듣고 「레미제라블」의 웨스트엔드 공연을 결정합니다. 뮤지컬에서 음악만을 듣고 작품을 선택한다는 것에 다른 이유는 없습니다. 그만큼 음악이 훌륭했다는 의미입니다. 대사의 사용을 최대로 절제하며 노래로만 스토리를 이어가는 성스루 형식의 「레미제라블」은 여타 작품처럼 화려한 무대나 화려한 안무의 도움 없이 오롯이 노래만으로 승부를 봅니다. 그중에서도 반복적인 선율을 사용하는 리프라이즈Reprise와 노래가 인물이 처한 상황을 드러내고, 20개의 라이트모티브를 적극 사용하여 극의 분위기를 이끌고, 인물의 심리 상태를 전하거나 사건을 암시하는 역할을 하며 극의 흐름에 대한 이해와 긴장감을 더했습니다. 예를 들어, 장발장이 자신이 죄수 24601임을 밝히는 장면에서 사용한 선율은 이후 〈내일이면〉에서 자신의 정체를 나타내는 데 사용하며 음악의 기능을 확장합니다. 이런 음악적 기능은 자연스럽게 극의 흐름을 이해할 수 있게 하는 동시에 긴장감을 주어 점점 드라마에 몰입하게 만듭니다. 필자는 이미 영화나 소설로 먼저 접했던 작품이라 뮤지컬 작품에는 큰 기대가 없었습니다. 하지만 고백하자면 지금은 작품의 노래를 듣고 있노라면 심장이 뛰어, 그 매력에서 헤어 나오는 데 하루 이상의 시간이 걸립니다. 결국 음악으로 인해 「레미제라블」의 팬이 되어버렸습니다.

당시 프랑스는 대지주와 부르주아지를 위한 농업 개혁으로 농민들의 삶은 피폐했고, 산업혁명으로 노동자는 상품으로 취급되었습니다. 노동자의 임금은 삭감되고, 여성 노동자들은 부당한 대우 속에서 생계를 간신히 이어갔습니다. 또 부족한 임금을 채우기 위해 매춘이 성행했습니다. 비위생적인 환경과 성적으로 타락한 프랑스 사회는 민중을 죽음으로 내모는 희망이 없는 암흑의 땅이었습니다. 또 정치적으로 1830년 7월 혁명으로 샤를 10세를 타도했으나, 루이 필리프Louis Philippe가 왕위에 오르자 민중의 불만은 여전히 수그러들지 않았습니다. 1832년 전 유럽에 콜레라가 퍼지면서 보수파 수상 카지미르 페리에

Casimir Pierre Périer가 사망합니다. 같은 시기에 민중의 편에 섰던 장 막시밀리앙 라마르크Jean Maximilien Lamarque도 사망하는데, 이를 계기로 공화주의자들은 군주제 폐지를 위해 라마르크 장군의 장례 행렬에서 봉기를 시작합니다. 결국 실패로 돌아가고 말았지만, 프랑스 민중이 자유와 기본적인 삶을 보장받기 위해 정부와 맞서 싸운 항쟁으로 기록되고 있습니다.

이러한 역사의 현장을 지켜본 빅토르 위고는 "단테는 시를 통해서 지옥을 그려냈다면, 나는 현실을 가지고 지옥을 만들려 했다"며 이 소설을 쓰게 된 동기를 언급하면서 암울한 현실에 분노했습니다. 그리고 진흙 같은 하층민의 삶에서 희망을 찾기 위한 방법으로 용서와 자비, 더 본질적으로는 사랑이 해답임을 제시합니다. 예술의 소재로 '사랑'은 늘 단골 손님입니다. 영화, 연극, 문학, 음악, 미술, 무용 등 사랑을 다루지 않은 예술 분야는 없습니다. 사랑은 인간관계를 드러내는 잣대로도 표현됩니다. 연인 사이에 애정, 부모 자식 간의 사랑, 형제 간의 우애, 친구 사이의 우정, 동료 간의 의리 등 대상과 종류 또한 다양합니다. 그중에서도 이 작품은 사랑의 범위가 작품의 스케일만큼이나 방대합니다. 우리는 살아가는 동안 다양한 인간관계를 맺고 살아갑니다. 하지만, 잠깐 스쳐 지나가는 인연일지라도 이성적 논리에 얽매이기보다 진심으로 사랑을 실천한다면, 세상은 희망을 꿈꿀 수 있는 곳으로 변할 수 있다는 진리를 전하고 있습니다. 이 글을 읽고 있는 당신이 어떤 상황에 처해 있거나, 어떤 영향을 받았는지와 무관하게 그 누구에게나 늘 사랑을 실천하는 것이 그렇게 간단할 수 있냐고 되물을 수도 있습니다. 하지만, 빅토르 위고가 살아왔던 그 시대를 뛰어넘어, 우리가 살고 있는 세상을 바라보고 있자니 이것보다 더 좋은 해답은 없다는 것을 직감할 수 있을 것입니다.

'불쌍한 사람들'이란 뜻으로 해석되는 '레미제라블'은 음침한 현실 속에서도 꿈이 있어서 버틸 수 있는 사람들의 이야기입니다. 인간의 기본적인 권리가 존중되지 못하고 탐욕과 부도덕이 넘치기에 이들에게 꿈은 더욱더 간절했을 것입니다. 팡틴은 사랑하는 딸을 위해 공장에서 일하지만 미혼모라는 사실이 들통납니다. 결국 부당 해고를 당하고 아이에게 보낼 돈을 벌기 위해 매춘을 하며 잃어버린 꿈을 이야기하는 〈지난날의 꿈〉을 부릅니다. 불합리한 환경 속에서 자신의 꿈이 영원히 사라져버렸지만 사랑하는 딸을 위해 밑바닥 인생까지 자처하는 팡틴의 모습이 그 시대의 대표적인 하층민 여성의 모습입니다. 코제트는 테나르디에 부부 집에서 핍박받으며 고되게 생활하지만, 〈구름 위에 성Castle On A Claud〉을 부르며 상상 속의 아름다운 꿈을 꾸어봅니다. 이 곡을 부르는 코제트의 모습에서 프랑스 정부로부터 고통받는 하층민의 모습이 중첩됩니다. 그리고 장발장이 부르는 〈집으로〉는 수양딸 코제트의 사랑을 지켜주기 위해 그녀가 사랑하는 마리우스를 자신의 목숨과 바꾸면서까지 지키겠다는 내용을 담고 있습니다. 딸 코제트의 꿈을 이루어 주기 위해서 무엇이든 감내할 각오가 가득 차 있음을 알 수 있습니다. 이 곡은 장발장이 홀로 죽음을 기다리며 전에 부르는 〈에필로그Epilogue〉로 다시 연결됩니다. 〈내일이면〉에서는 삶의 희망의 끈을 놓지 않고 각자 꿈이 이루어지길 염원하며 더 나은 내일을 기다립니다. 언제 만날지 모른 채 헤어진 마리우스와 코제트는 헤어짐을 아쉬워하지만, 또다시 만나기를, 장발장은 코제트를 지키기 위해 자유를, 마리우스를 짝사랑하는 에포닌은 그와의 사랑을, 앙졸라는 혁명의 날을, 테나르디에 부부는 한몫 잡을 기회를,

자베르는 장발장을 잡을 기회를 기대하며 '내일이면'이라는 희망에 담아 봅니다. 그들의 염원이 빨간 깃발과 함께 휘날리며 앞을 향해 전진하는 모습이 감동적입니다. 고통스러운 현실 속에 간절한 꿈이 버팀목이 되는 시점입니다. 〈자베르의 자살Javert's Suicide〉은 평생 장발장을 쫓으며 자신의 소임을 다하고 있다고 생각했던 자베르가 장발장이 베푼 자비에 혼란스러워 결국 자살을 선택하는 심정을 노래합니다. 원작에서 자베르의 어린 시절은 불후했습니다. 그의 어머니는 매춘부이자, 아버지는 도둑질을 일삼았습니다. 자신은 쓰레기처럼 자랐다고 이야기합니다. 성인이 된 그에게 정의만이 유일한 꿈이자 삶의 믿음이었습니다. 이성과 논리만이 세상을 구할 수 있다고 생각한 그의 사상은 빅토르 위고가 추구하는 세상과 대조를 이룹니다. 뮤지컬에서 그는 장발장의 자비가 그에게 자유를 주었다고 노래하지만, 동시에 자신을 죽였다고도 노래합니다. 어두웠던 그의 과거가 치유되지만, 철저하게 지켜왔던 정의론은 무너져 버렸기 때문입니다.

한편 마리우스를 짝사랑하는 에포닌은 〈나 홀로On My Own〉를 통해 그와 함께 있다는 상상만으로도 그 순간이 행복하다고 노래하며, 가슴 아픈 시간을 버텨냅니다. 꿈으로 현실의 고통을 이겨 내고 있죠. 하지만 〈빗방울 몇 방울A Little Fall Of Rain〉에서 마리우스를 돕기 위해 코제트에게 쪽지를 전달하다 정부군의 총에 죽임을 당합니다. 그러면서도 마리우스의 품에서 생을 마감하게 되어 사랑을 이루었다고 노래합니다. 〈내 삶에In My Life〉, 〈가슴 가득한 사랑A Heart Full Of Love〉은 코제트와 마리우스의 사랑을 노래한 곡입니다. 하지만, 이 둘의 사랑이 이루어지기 위해서는 팡틴, 장발장, 에포닌, 혁명가 동지들의 희생이 필요했습니다. 비록 이들은 죽음을 맞이했지만, 그들의 희생이 있었기에 코제트와 마리우스는 꿈을 이룰 수 있었습니다. 빅토르 위고가 추구하는 세상은, 바로 이런 세상이지 않을까 생각해 봅니다.

1800년대 프랑스대혁명 시대나 현 시대 모두 인간의 속성은 크게 변한 것이 없습니다. 사람들은 「레미제라블」에서 돈을 사랑한 테나르디에 부부처럼 자신의 이익을 위해서라면 염치 불고하고 무엇이든지 합니다. 빅토르 위고는 이렇게 부패해 버린 세상에 주목합니다. 그리고 처방을 제시합니다. 바로 장발장이 죽음을 맞이하기 직전에 부른 노랫말처럼 "이 사실을 명심해요. 타인을 사랑하는 자만이 주를 볼 수 있음을" 이것이 우리가 더 나은 내일로 갈 수 있는 유일한 방법임을 강조합니다. 장발장이 미리엘 주교에게 받은 사랑처럼 말이죠. 이는 몇천 년이란 세월이 흘러도 변하지 않는 진리입니다. 그리고 지금도 빅토르 위고의 사랑의 메시지를 전달하기 위해 매일 밤 극장에서는 「레미제라블」의 가슴 벅찬 선율이 우리의 마음을 어루만지며 울려 퍼지고 있습니다.

제8장

변화와 혁신

「라이온 킹과 개념을 다루는 능력

 지금까지 뮤지컬이 형식적으로나 내용적으로나 인문학과 유독 깊은 관계를 맺고 있는 무대 예술이라는 사실을 추적해 봤습니다. 그 '관계'는 결국 인간의 삶과 그 의미를 다루고 있다는 사실로 환원한다는 것도 목격했습니다. 특정한 뮤지컬 작품이 특정한 인문학 저술과 문제의식을 공유하고 있음을 드러내는 방식으로 말이죠.

 하지만 많은 사람들에게 이러한 방식은 친숙하지 않습니다. 그 이유는 '인문학'이 우리의 일상에 자리잡고 있는 개념과 거리가 있기 때문입니다. 아마도 우리 대부분은 외국의 유명 인사들의 성공 배경에 인문학이 있다는 풍문 속에서 '인문학'에 대한 막연한 개념을 만들어 냅니다. 페이스북의 마크 주커버그나 애플의 스티브 잡스의 성공 요인이 인문학을 공부하고 관심을 쏟

았기 때문이라는 진술이 없었다면 인문학은 우리 삶에 작은 의미조차 갖지 못할지도 모릅니다. 이때의 '인문학'은 '상상력', '창조력'이라는 실용적이지만 매우 협소한 의미로 전락해 버리지만 대중에게 친숙한 의미라면 외면할 수만은 없습니다.

그래서 이번 마지막 장에서는 상상력과 창조력이라는 인문학적 효용 덕분에 성공한 뮤지컬 작품을 언급해 보려 합니다. 다만 상상력이나 창조력이라는 흔해 빠진 개념보다는 훨씬 정확한 개념으로 인문학적 가치를 바로잡아 보겠습니다. 애니메이션 원작 「라이온 킹」이 브로드웨이에서도 뮤지컬 「라이온 킹」으로 기념비적인 성공 신화를 거둔 이유는 오롯이 인문학적 사고방식 덕분입니다.

디즈니의 공연 프로덕션 부사장이자 제작자인 토머스 슈마허는 「라이온 킹」을 무대에 올리자는 마이클 아이즈너 디즈니 사 회장의 말에 "지금까지 들어본 것 중 최악의 아이디어라고 말했다"라고 회고합니다. 「라이온 킹」을 무대에 올리고 싶다고 말하는 그에게 토머스 슈마허는 불가능하다고 응수하려 했으나, 소용없는 일이었습니다. 그가 한발 앞서 "불가능이란 없죠. 그래서 뛰어난 아이디어가 필요한 것이잖아요!"라고 말했기 때문입니다.[*] 토마

---

[*] 줄리 테이머, 송경옥 옮김, 『THE LION KING: 브로드웨이 신화 탄생』(지안 출판사, 2006), 14쪽.

스 슈마허의 회상처럼, 뮤지컬 「미녀와 야수」의 성공으로 고무된 디즈니가 본격적인 브로드웨이 공략을 위해 애니메이션 「라이온 킹」을 뮤지컬로 만든다는 발상'은 최악의 아이디어로 꼽히기에 부족함이 없어 보입니다. 성공했으니 망정이지 폭망을 예상하는 것은 '합리적 추론'입니다. 원작의 캐릭터들은 모두 동물이며 사람은 한 명도 등장하지 않습니다. 배경은 아프리카 초원입니다. 어마어마한 돈이 오고가는 브로드웨이에서 가면이나 인형 탈이 뛰어다니는 작품은 극장 대관조차 쉽지 않을 것입니다. 동물보다 사람이 많이 등장하는 디즈니 작품들이 많음에도 디즈니의 최고 경영자는 굳이 「라이온 킹」을 무대에 올리자고 고집을 부렸습니다. 그리고 디즈니의 모든 사람들은 이 작품을 인형과 가면 탈이 난무하는 그저 그런 인형극으로 무대에 올릴 수는 없다는 사실에 동의했을 것입니다. 그래서 그들은 이 어려운 문제를 풀어줄 해결사로 줄리 테이머Julie Taymor를 지목합니다. 그녀는 뮤지컬 「라이온 킹」의 연출가이자 인형 디자인, 의상, 무대, 미술, 작사, 각색에까지 모두 참여할 정도로 이 작품은 줄리 테이머의 작품이라는 말에 전혀 과장이 없을 정도입니다. 그녀는 작

---

* 디즈니의 공연 제작 자회사 '디즈니 시어트리컬 그룹'은 1994년 뮤지컬 「미녀와 야수」의 성공 이후 브로드웨이의 뉴 암스테르담 극장을 보수하여 디즈니 뮤지컬 전용극장으로 선보이는 등 브로드웨이 본격 진출을 선언했는데 해당 극장에 올린 첫 작품이 「라이온 킹」이다.

(위) 뮤지컬 「라이온 킹」의 한 장면.
(출처: 「라이온 킹」 공식 홈페이지)
(아래) 뮤지컬 「라이온 킹」 포스터.
(출처: 위키피디아)

「라이온 킹」이 무대에서 공개되었을 때 모두가 경악한 장면은 동물과 사람의 결합입니다. 자칫 프랑켄슈타인류의 기괴한 돌연변이처럼 보일 수 있는 이 발상은 무대 예술에 훌륭하게 녹아들어 공연 역사에 남을 위대한 '발상의 전환'으로 기록되었습니다.

품의 첫 구상에서 기존의 전통적인 선입견과 전제를 완전히 배제하고 오로지 자신이 생각한 '개념'에 집중합니다.

그녀는 "인간미 넘치는 동물 캐릭터"를 애니메이션 「라이온 킹」의 가장 두드러진 요소로 꼽습니다. 그리고 그녀는 이런 "동물적이면서 인간적"인 양면성을 살리기 위해서, 마스크나 동물 의상으로 배우의 얼굴과 몸 전체를 덮지 말아야 한다고 생각했습니다. "인간이 동물의 특징과 어울리면서 그 일부가 되기를 바랐"기 때문입니다.* 이와 같은 생각들은 그녀가 뮤지컬 「라이온 킹」의 제작 과정을 기록한 메이킹 북making book에 등장합니다. 그 책은 작품이 성공할지 전혀 예상할 수 없는 상황에서 쓰였습니다. 따라서 줄리 테이머의 솔직한 제작 기록입니다. 「라이온 킹」이 무대에서 공개되었을 때 모두가 경악한 장면은 동물과 사람의 결합이었습니다. 자칫 프랑켄슈타인류의 기괴한 돌연변이처럼 보일 수 있는 이 발상은 무대 예술에 훌륭하게 녹아들어 공연 역사에 남을 위대한 '발상의 전환'으로 기록되었습니다.

줄리 테이머의 신박한 발상과 이를 구체화하는 능력은 '인문학적 사고'가 성공을 거둔 대표적인 사례라고 할 수 있습니다. 그렇다면 인문학적 사고방식은 '상상력'과 '창조력'으로 환원될 수 있을까요? 그러한 좁은 단어로 인문학적 사고의 가치를 가둬

---

* 줄리 테이머, 같은 책, 30쪽.

두기에는 역시나 적합하지 않습니다. 게다가 줄리 테이머가 보여준 가면-인형의 디자인 기술과 운용 기법은 그녀가 영향을 받은 아시아의 인형극과 연희극演戱劇에 뿌리를 두고 있을 뿐 아니라, 전체적인 연출 콘셉트는 러시아 공연 예술가들이 체계화한 형식주의, 극장주의 이론이 바탕이 되었습니다.

그녀는 뮤지컬「라이온 킹」의 시도에 대해서 "배우와 무용수가 동물 이미지와 결합하는 것이 흥미로울 뿐만 아니라, 향후 동물 캐릭터 디자인의 핵심이 되었다"라고 이야기합니다. 또, 이러한 시도는 배우의 노래와 연기에도 도움을 주었습니다. 배우는 얼굴을 덮는 가면을 쓰지 않을 때 노래를 더 잘할 수 있고, 자연스럽고 섬세한 감정을 표정 연기에 담아낼 수 있기 때문입니다.*

우리가 인형극이란 말을 듣고 떠올리는 전통적이고 전형적인 사람을 노출하지 않고 인형 캐릭터만 내세우는 모습은 수많은 인형극 중에 어느 하나에 불과한 우연의 요소입니다. 줄리 테이머가 영향을 받아 브로드웨이에 선보인 일본과 인도네시아 등의 인형극 기법은 그동안 우리에게 익숙하지 않았을 뿐, 인형극의 여러 표현 양식 중 하나로서 존재해 왔습니다. 줄리 테이머의 능력은 이러한 다양한 예술적 원천을 자유자재로 끌어와서 큰 판돈이 오가는 브로드웨이에서 인정받을 수 있는 결과물로 보여

---

* 줄리 테이머, 같은 책, 31쪽.

준 것입니다. 인문학적 사고가 반드시 상상과 창조라는 좁은 의미의 '독창성'으로 환원되지 않는다는 주장은 바로 이러한 상황을 가리킵니다.

뮤지컬「라이온 킹」은 분명 브레히트와 메이예르홀트와 같은 러시아 예술가들이 만들어 내고 브로드웨이에서도 이미 실험적인 형식으로 적용되던 '극장주의'를 주요한 연출 콘셉트로 삼고 있습니다. 이는 "요즘 관객들은 뮤지컬이 요구하는 환상 속으로 들어갔다 나오는 예술적인 관행을 잊은 것 같다. (……) 공연이나 뮤지컬은 형식상 관객으로 하여금 공연 내내 환상에 참여하길 요구한다. (……) 나는 극작품의 가장 큰 매력을 참여의 마법이라고 생각한다"*라는 줄리 테이머의 말에서 분명하게 나타납니다. 애니메이션「라이온 킹」의 연출을 맡은 로저 앨러스는 뮤지컬「라이온 킹」의 대본을 공동 작업하면서 무대 예술의 특징과 정체성이 위와 같이 '극장주의'에 있다는 점을 통찰합니다. '극장주의'는 한마디로 환상을 환상이라고 솔직히 인정하는 예술 사조입니다. 이러한 근본적 '인정'의 토대 위에서 다양한 표현 기법과 양식까지 '인정'하고 관객의 자유와 참여를 극대화하려는 예술 노선입니다. 뮤지컬「라이온 킹」이 흡수한 아시아 인형극의

---

* 줄리 테이머, 같은 책, 23쪽.

예술 양식도 넓게 말한다면 극장주의라고 부를 수 있습니다.

　이 같은 시도가 드러나는 예로, 의도적인 무대 장치의 노출을 들 수 있습니다. 영화나 텔레비전과 다르게 공연에서는 막대, 밧줄, 와이어를 비롯한 무대 장치들을 관객에게 드러낼 수 있습니다. 뮤지컬 「라이온 킹」에서 선보인 '가젤 수레'라는 장치가 그렇습니다. 가젤 수레는 회전목마처럼 가젤 모형들이 붙은 바퀴가 회전하면서, 가젤들이 뛰는 듯한 모습을 연출합니다. 줄리 테이머는 기존 인형극처럼 장치의 바퀴 부분을 가려 가젤이 뛰는 모습만 보이도록 하지 않고, 이 장치의 작동 원리를 관객들에게 훤히 보여줬습니다.

　여기에서 영화나 텔레비전과 공연 간의 중요한 차이가 드러납니다. 영화나 텔레비전은 보는 이가 보이는 이미지 자체를 그대로 믿게끔 강제합니다. 이와 달리 공연은 "상징적인 매체"입니다. 공연을 보는 관객들은 단순히 공연을 수동적으로 감상하는 게 아니라, 힌트나 암시를 받아 제시되지 않은 부분을 스스로 채워 나가며, "전체 공연의 참여자가" 되는 것입니다.*

　뮤지컬 「라이온 킹」이 '극장주의'를 표방하며 브로드웨이에서 성공을 거뒀다는 사실은 큰 의미가 있습니다. '극장주의'가 이미 20세기 전반에 걸쳐 공연계에서 널리 받아들여진 것은 사

---

* 줄리 테이머, 같은 책, 29쪽.

뮤지컬 「라이온 킹」에서 주인공 심바의 탄생을 축하하는 장면.
(출처: 「라이온 킹」 공식 홈페이지)

실이지만 가족 관객이 대상인 디즈니 원작에 적용하여 성공을 거두리라 예상하기는 어려웠습니다. 극장주의는 공연계에서 여전히 실험적이고 전위적인 위치에 있기 때문입니다. 줄리 테이머 역시 「라이온 킹」으로 대중적인 인지도를 얻기 전까지는 개성 있는 실험적인 예술인 정도로 알려져 있었습니다. 왠지 개방적이고 기발한 생각으로 가득 차 있을 것으로 생각되는 공연 예술인들이야말로 누구보다 보수적이고 변화를 싫어할 때가 많습니다. 줄리 테이머는 이러한 '위선적'인 공연계의 관행을 정면으

뮤지컬 「라이온 킹」의 한 장면. (출처: 「라이온 킹」 공식 홈페이지)

로 거부한 것입니다.

줄리 테이머가 「라이온 킹」에서 보여준 혁신적인 시도들, 인간 배우와 동물 캐릭터의 결합, 극장주의와 디즈니의 결합은 상상력, 창조력이라는 단어로 묶어 두기 어렵다고 앞서 말씀드렸습니다. 바로 그 점이 인문학적 사고의 특징을 가장 잘 드러냅니다. 인문학적 사고는 단순히 상상력과 창조력이라는 좁은 개념으로 환원되지 않습니다. 줄리 테이머가 보여준 인문학적 사고는 바로 '개념'을 다루는 능력입니다. '인간미 넘치는 동물 캐릭터'라는 '순수한 개념'을 집요하게 파고들어 이를 현실에서 현존하게 만들어내는 방법을 찾아내는 것입니다. 관객에게 어떤 방식으로 보여줄 것인지, 이를 위해서는 어떤 해결책들을 빌려와야 하는지를 '개념' 차원에서 정리하는 능력입니다. 그러한 의미에서 줄리 테이머의 시도, 즉 인문학적 사고는 상상력과 창조력이라는 단어로 온전히 설명할 수 없습니다. 그녀가 끌어온 해결책과 아이디어는 새롭게 만들어낸 게 아니라 기존에 이미 존재하고 있었기 때문입니다. 인문학이 우리에게 선물한 것은 독창성이 아니라 개념을 다루는 능력입니다. 그것을 좀 더 일반적인 표현으로 바꾸면 '추상적 사고'입니다.

한때는 철학이라는 거대한 범위와 동일시되던 인문학은 근대를 거치며 많은 자식들을 분가시키며 작지만 자기만의 소중한 영역을 확보하고 있습니다. 그것은 거대한 담론도, 신비한 기적도 아닙니다. 어떤 억압으로부터도 자유롭게 사유하며 쿨하게 자신의 한계도 인정하는 인간적인 맛, 그것이 바로 인문학을 공부하는 이유일 것입니다.

작품 해설

「라이온 킹」
이것이 삶의 순환

"가장 위대한 승리는 쓰러지지 않는 것이 아니라, 쓰러질 때 다시 일어나는 것이다"라고 공자(孔子)는 이야기했습니다. 한 번도 실패하지 않는 사람은 없습니다. 저도 수십 수백 번의 실패를 경험했지만, 기억 속에는 실패해서 마음 아팠던 기억보다는 성취했을 때 기뻤던 기억이 오래 남아 있습니다. 아니 그렇게만 기억하고 싶은지도 모르겠습니다. 하지만 우리의 삶을 곰곰이 생각해 보면 우리는 폭풍우 같은 좌절의 시기를 보내기도 하지만 또 언제 그랬냐는 듯이 평안하게 살아가고 있습니다. 그럼 우리는 이쯤에서 한번 생각해 볼 필요가 있습니다. 매번 반복되는 실패의 순간에 어떻게 대응해야 할 것인가?

 2006년 일본 극단 사계에서 한국 샤롯데씨어터에 오를 「라이온 킹」의 오디션을 열었습니다. 필자는 2005년 미국 브로드웨이에서 「라이온 킹」을 보고 온 터라 이 오디션 소식에 흥분할 수밖에 없었습니다. 사바나의 동물들이 심바의 탄생을 축하하기 위해 모이는 오프닝 장면을 보는 순간 이 작품의 팬이 되어 버렸고, 다양한 동물을 표현하기 위해 장엄하게 넘실거리는 배우들의 몸짓은 가히 경이롭다고 할 만큼 놀라웠기 때문입니다. 저는 주저 없이 설레는 마음으로 오디션에 지원했습니다. 어느 날 텔레비전에서 개그맨 김국진 씨가 브로드웨이에 가서 뮤지컬을 보고 온 소감을 이야기하는 프로그램을 보았는데, 그가 「라이온 킹」을 보고 한 말이 기억에 남습니다. "「라이온 킹」을 보지 않았으면 인생을 논하지 말라." 어떤 대단한 작품이기에 세기의 대문호 셰익스피어, 디킨스, 세르반테스 작품에나 어울릴 것 같은 어마무시한 수식어를 사용했을까. 하지만 이런 의문점은 브로드웨이 극장에서 오프닝을 보는 순간 단번에 풀려버렸습니다. 강연을 다니다 보면 인생에서 한 번쯤은 꼭 봐야 할 뮤지컬을 추천해 달라고 요청을 받는 경우가 종종 있습니다. 그때마다 저는 주저 없이 「라이온 킹」을 추천합니다. 뮤지컬을 진정으로 향유하기 위해서는 개인의 취향을 참고해서 선택해야 한다고 생각하지만, 이 작품에 있어서는 그런 잣대가 필요 없다고 생각하기 때문입니다. 참, 이 시점에서 필자의 오디션 결과가 궁금한 독자가 있겠지요? 다행히도 필자는 오디션에서 합격했습니다. 브로드웨이에서 본 작품의 감흥이 가시지 않은 상태였기 때문에 오디션 합격 결과가 어느 작품 때보다 반갑게 느껴졌습니다. 하지만 화려한 스케일을 자랑하는 만큼 배우에게는 힘든 트레이닝이 기다리고 있었습니다. '암사자의 사냥', '하이에나의 결투' 등 야생 동물을 표현하기 위한 숨이 턱 끝까지 차는 거친 안무도 만만치 않았지만, 개성 있는 사바나의 동물 캐릭터를 연기하기 위해 배우의 얼굴을 노출한 채 머리에 써야 하는 퍼펫puppet의 무게가 상당했기 때문입니다. 더 많은 노력과 시간을 들인 「라이온 킹」은 필자에게 다른 작품보다 더 애정이 가는 작품으로 남아 있습니다.

살다 보면 삶의 고통과 무게에 치여 지쳐 쓰러질 때가 언젠가는 찾아옵니다. 사실 이런 시간이 내 삶에는 오지 않았으면 하는 마음이 모두들 간절하겠지만, 인생을 살다 보면 누구에게나 쓰나미와 같은 시간이 법칙처럼 찾아오기 마련이죠. 하지만 혹자는 이때가 가장 좋은 때라고 이야기합니다. 숨겨진 재능을 찾아낼 절호의 기회가 온 것이라고. 이렇듯 인간은 어둠 속에서 더 빛나는 재능을 발휘하기도 합니다. 애니메이션의 거장으로 잘 알려진 월트 디즈니의 삶과 그의 기업의 행보가 이를 증명합니다. 월트 디즈니는 꿈과 도전의 아이콘으로 유명한 인물입니다. 냉혹한 아버지 밑에서 자라 불우한 어린 시절을 보내면서도 그림에 대한 꿈을 버리지 않았습니다. 「백설공주와 일곱 난쟁이」, 「피노키오」, 「환타지아」, 「신데렐라」, 「피터팬」, 「잠자는 숲속의 공주」 등 수많은 장·단편 만화영화를 만들고 상업화하기까지 수많은 실패와 뼈아픈 고통이 있었지만 끊임없는 도전과 무한한 상상력으로 최고의 자리를 지켜나갔습니다. 특히나 필자가 무척 좋아하는 줄리 앤드류스 주연의 1964년작 뮤지컬 영화 「메리 포핀스」도 디즈니 작품입니다. 원작자인 파멜라 린든 트래버스 Pamela Lyndon Travers에게 23년간의 끈질긴 구애 끝에 「메리 포핀스」를 뮤지컬 영화로 세상에 알릴 수 있었는데요, 특수 애니메이션 기법을 총동원하여 마술 같은 장면을 연출하고 귀에서 맴도는 재치 있으면서도, 아름다운 음악으로 관객들의 마음을 설레게 한 이 작품은 디즈니의 비전인 "꿈과 도전"을 보여주기에 제격인 작품입니다. 비록 그는 1966년에 폐암으로 사망했지만 그의 혁신적인 도전 정신은 「라이온 킹」을 제작한 공연 법인인 디즈니 시어트리컬 프로덕션의 공격적인 시도로 그 맥이 이어지고 있습니다. 하지만, 새로운 것에는 늘 신선함과 낯섦이 공존하나 봅니다. 디즈니 시어트리컬 프로덕션의 뮤지컬 첫 작품은 대중에게 낯설게 다가왔습니다. 이미 1991년 애니메이션 작품으로 여러 분야에서 아카데미 상과 골든글로브 상을 받았던 「미녀와 야수」가 디즈니 시어트리컬 프로덕션의 첫 뮤지컬 작품으로 세상에 선보여졌습니다. 많은 이목을 받았지만, 뮤지컬 비평가들은 이 작품을 혹평했습니다. 야수, 자명종, 찻잔, 옷장 등이 연기하는 무대가 기존의 브로드웨이 작품과

견주어 내용이 유치하다는 것이 그 이유였습니다. 하지만 얼마 뒤 누구도 예상하지 못한 현상이 벌어졌습니다. 과거에 애니메이션으로 느꼈던 감동을 디즈니만의 방식으로 뮤지컬 무대에서 각색했는데, 성인들의 전유물이던 뮤지컬이 부모와 아이들로 관객 대상이 확대되면서, 「미녀와 야수」가 올려진 브로드웨이 팰리스 극장은 수많은 사람들로 붐비기 시작했습니다. 이제는 뮤지컬이 전 세대가 같이 즐길 수 있는 예술 장르로 탈바꿈된 것입니다.

이 기세를 몰아서 「라이온 킹」이 차기작으로 정해졌습니다. 사바나의 동물들을 뮤지컬 무대에 어떻게 구현할 것인가가 가장 큰 문제로 대두됐습니다. 자칫 잘못하면 동물 인형극 잔치로 끝나는 무대가 될 수 있기 때문이죠. 하지만 마이클 아이스너Michael Eisner는 이 문제를 최대의 기회로 삼기로 작정합니다. 월트 디즈니의 어둠을 뚫는 도전 정신이 다시 한번 발휘되는 시점입니다. 사실 그는 월트와 로이 형제가 세상을 떠나자 의사결정권이 흔들리게 되면서 암흑기에 빠졌던 월트 디즈니를 다시 일으켜 세운 장본인입니다. 그는 십 년 만에 여섯 배가 넘는 확장의 신화를 일으키면서 어마어마한 부를 창출했습니다.

그리고 한 여성 무명 연출가에게 집중하는데 그녀가 바로 줄리 테이머입니다. 디즈니가 그녀에게 「라이온 킹」의 연출과 동시에 의상 디자인, 가면 및 인형 공동 디자인을 맡긴 것은 도전이었지만, 이미 「후안 다리안Juan Darien」이라는 작품에 참여하면서 실력을 인정받은 점과 동양 연극에 심취해 그동안 쌓아온 다채롭고 획기적인 작품 세계를 고려하면 그녀가 「라이온 킹」의 적임자라고 생각이 드는 것은 너무나 당연합니다. 그리고 인형극에 대한 그녀의 열정과 경력이 증명해 주듯이 「라이온 킹」 무대에서 자유롭게 구사되는 막대 인형, 분라쿠, 그림자 인형 그리고 퍼펫을 쓴 배우들의 모습은 입이 절로 벌어질 정도로 놀랍고 대단합니다. 특히 그녀의 작업에 있어서 중요한 점은 동물 캐릭터 표현 방식에 있어서 동물과 함께 배우 자체가 동시에 드러나는 방식을 취했다는 점입니다. 이것은 의상, 가면, 인형을 사용하여 동물과 인간이 삶의 순환 속에서 더불어 살고 있다는 이치를 전합니다. 동시에 동물의 가면을 머리에 쓰고 배우의 표정은 그대로 노출하는 방식은 캐릭터의 감정을 드라마틱하게 표출하기 위한 방법으로 여겨집니다. 이런 요소들은 뮤지컬 대본이 무대에서 진정으로 시각화되는 데 중요한 요소로 작용합니다.

「라이온 킹」은 셰익스피어의 「햄릿」을 원작으로 하지만, 우유부단한 햄릿과 어린 사자 심바의 캐릭터에는 차별화를 둡니다. 현실을 받아들일지, 복수를 택할지 사이에서 고민하는 햄릿은 결국 아버지의 복수를 갚을 수 있는 상황에 맞닥뜨렸음에도 불구하고 왕을 죽이지 못하고 오필리어의 아버지 폴로니어스를 죽이게 되는 동시에, 오필리어, 어머니, 결국 자신까지 죽음을 맞이하게 됩니다. 하지만, 「라이온 킹」에서는 심바의 영웅 신화를 그립니다. 심바는 아버지 무파사의 어릴 적 가르침('별들은 돌아가신 위대한 왕들께서 우릴 지켜 보고 있는 거란다. 외롭다고 느껴질 때면, 별빛 속에서 선대 왕들이 언제나 널 지켜보고 있다는 것을 기억해라. 나도 함께')을 생각하며 스카의 계략으로 억울하게 죽은 무파사의 원한을 갚고, 왕국 '프라이랜드'를 구해 냅니다. '꿈꾸고 믿고 도전하고 실행하라'라는 디즈니의 성공 원칙과도 상충하는 메시지가 「라이온 킹」에도 잘 스며 있죠? 특히 저는 믿고 실행하라는 문장이 마음에 와닿습니다. 우리는 수많은 꿈을 꿀 수 있습니다. 하지만. 나 자신에 대한 믿음, 그리고 이를 믿고 나갈 수 있는 실천력이 없다면, 햄릿의 모습대로 우리의 꿈은 허무하게 끝날 수밖에 없습니다. 아니면 몽상가일 뿐, 그 무엇도 아닌 것으로 남게 됩니다.

자신의 신념을 믿고 움직이는 심바의 이야기는 팝 음악과 함께 아프리카 리듬으로 광활한 사바나의 느낌을 선사합니다. 더불어 우리에게 거친 세상 속에서 살아가기 위해 준비해야 할 삶의 자세를 제시합니다. 심바의 탄생을 기리기 위해 사바나의 동물들이 모두 '프라이드 락'이라 불리는 높은 바위 근처로 모이는 오프닝 〈삶의 순환 Circle of Life〉은 우리의 인생은 끊임없이 순환하며 자신의 자리를 찾아간다고 노래합니다. 우리의 삶이 그렇습니다. 그래서 좌절의 시간이 와도 어깨를 축 늘어트리며 낙담할 필요가 없으며 잘나가는 순간이 왔을 때에도 최고가 된 듯 우쭐해할 필요도 없는 것입니다. 인생은 원circle이기 때문입니다. 광활한 초원 장면을 연출하는 〈글래스랜드 챈트 Glasslands Chant〉를 부를 때 배우들은 머리에 직사각형 모양의 풀밭을 쓰고 움직입니다. 초원 사이를 거닐면서 무파사는 그의 아들 심바에게 생태계의 순환의 원리를 설명하고 이것을 우리의 삶에 비유합니다. 우리 몸은 죽으면 썩어 풀이 되고 사슴들은 그 풀을 먹고 자란다는 자연의 자연스러운 이치 속에서 우리는 잃을 것도 얻을 것도 없다고 말합니다. 이후 무파사의 죽음으로 자책하던 심바는 정글에서 만난 품바와 티몬에게서 〈하쿠나 마타타 Hakuna Matata〉를 듣게 됩니다. '걱정 근심 모두 잊어버리라'는 의미를 담고 있는 이 노래는 괴로운 상황에 처해 있더라도 긍정적인 생각으로 이겨낸다면 다시 좋은 기회가 올 수 있다는 단순한 메시지와 멜로디의 노래입니다. 하지만 단순 명료한 이야기일수록 그 원칙을 지켜나가는 것은 만만치 않죠? 이후 심바는 어릴 적 같이 놀던 친구 날라를 만나고 〈네 안에 함께 있어^{He Lives in You}〉에서 주술사 라피키를 통해 다시 한번 무파사가 어린 시절 들려주었던 메시지를 기억하며 '프라이드 랜드'로 돌아가겠다고 결심하게 됩니다. 이런 흐름을 보고 있노라면 우리에게 주어진 삶의 시간을 사용하는 데 괜히 조바심을 내며 안달할 필요가 없지 않나 하는 생각도 듭니다. 때가 되면 인생의 중요한 순간은 우리의 준비 여부에 상관없이 언제든지 다가오기 때문입니다. 마지막 장면 〈삶의 순환(reprise)〉에서는 인생의 순환을 상징하는 회전 계단 '프라이드 락'에서 또 다른 새로운 생명의 탄생이 연출됩니다.

우리의 인생은 늘 불확실성으로 가득 차 있습니다. 원하는 것을 얻기 위해 맨몸으로 바다에 뛰어드는 위험한 결정을 내려야 할 때도 있고, 또 노력만으로 원하는 것을 이룰 수 없을 때도 있습니다. 하지만 이러한 장애물이 무서워 가만히 있는다고 해서 상황이 원하는 대로 가는 것도 아닌 것이 인생입니다. "아주 오랫동안 육지를 보지 못한다는 각오가 없이는 새로운 땅을 발견할 수 없다"고 프랑스 작가 앙드레 지드는 말했습니다. 불확실하지만 그 시간을 잘 보내다 보면 우리는 또 새로운 땅을 발견할 것입니다. 하지만 우리가 가장 못 하는 게 불확실한 것에 우리의 인생을 내던지는 것입니다. 걱정하지 마세요. 인생은 원입니다. 시간이 지나고 나면 다시 평온한 상태로 돌아오기 마련이죠. 월트 디즈니는 생을 마감했지만 그의 삶을 대하는 태도와 도전 정신은 「라이온 킹」에 고스란히 스며있습니다. 「라이온 킹」에서 느낄 수 있는 단순한 삶의 진리를 깨달을 수 있다면 우리의 삶은 지금보다 더 여유롭고 활기차게 변할 수 있지 않을까 생각해 봅니다. 그러니 지금 불확실한 미래 때문에 괴로운 생각에 젖어 있다면 한번 외쳐 보세요. "하쿠나 마타타^{Hakuna matata}!"

나가는 글

이 책의 묘미라고 한다면 뮤지컬을 하나하나 들여다보며 작품 내에 스며 있는 인문학적인 요소를 발견하는 일입니다. 이것은 마치 바다를 처음 본 아이들이 해변의 아름다운 모래밭에서 자신만의 삶의 모양을 뽐내며 누워 있는 각양각색의 조개껍데기를 발견하는 일만큼 즐거운 작업입니다. 뮤지컬은 고유의 색깔을 지니면서도 때로는 혁신적으로, 때로는 화려하게, 때로는 소박하게 우리의 감성을 건드립니다.

이렇게 뮤지컬이 우리의 마음을 만지는 이유는 역사의 흐름 속에서 공존하며, 인간의 삶의 무늬를 드라마, 노래, 춤으로 멋지게 통합하여 승화했기 때문일 것입니다. 또 다양한 표현 방법을 찾기 위해 명화, 고전문학 등의 다양한 예술 요소가 작품의 근간이 되기도 하고 문화, 경제, 역사, 사상 등의 요소를 녹여 작품을 보다 풍부하게 만들기도 합니다. 그러고는 무대에서 그 무엇보다 큰 에너지로 응집된 음악으로 뮤지컬 관객들에게 매력을 뿜어내죠. 이때 뮤지컬은 판타지란 속성으로 우리를 그 매력에 취하게 만듭니다. 그러고는 힘들 때마다 꺼내어 볼 수 있도록 삶의 위로를 전합니다. 이것이 뮤지컬 인문학의 힘이기도 하겠죠.

하지만 뮤지컬, 인문학 모두 대중들에게 TV 프로그램이나 영화만큼 친근한 존재로 다가오지 않는 게 현실입니다. 면밀히 살펴보면 우리 삶과 깊게 연결되어 있는데도 말이죠. 이런 아쉬움은 또 다른 기회를 만들어냅니다. 이 책은 저녁 퇴근길 편한 차림으로 친구와 차 한잔, 술 한잔 기울이며 이야기하는 정도의 무게감으로 다가갑니다. 그래서 언제든지 곁에 두고 각자의 취향에 맞게 뮤지컬 세상으로 여행을 떠날 수 있습니다. 제 인생에 있어서 뮤지컬을 만나지 않았다면 어땠을까 생각해 보았는데, 순간 헛헛한 마음과 동시에 아찔한 마음까지 들더군요. 물론 다른 예술 분야도 훌륭합니다. 하지만, 뮤지컬만큼 다양한 요소가 멋들어지게 융합되어 생생한 에너지를 발현하는 예술 장르도 드물기 때문입니다. 또 때로는 저에게 친구 같고 연인 같은 존재로 다가오는 뮤지컬은 다양한 인생을 공부할 수 있게 해주었고, 큰 위로를 전해 주었습니다. 독자들에게도 뮤지컬이 알면 알수록 더 만나고 싶은 존재가 되길 바랍니다. 그러기 위해서는 먼저 뮤지컬과 친해져야겠죠. 그리고 그 만남 과정 중에 이 책을 통해 좀 더 다양한 시각으로 뮤지컬을 맛볼 수 있기를 바라 봅니다.

몇 해 전 여름 알렙 출판사 조영남 대표님과 코메딕엔터테인먼트 송진완 대표님을 만나 『뮤지컬 인문학』 책 출판에 대하여 이야기를 나누었습니다. 어릴 적부터 좋아했던 대상에 대하여 어수룩한 글솜씨로 세상 사람들에게 이야기를 전한다는 것에는 설렘과 동시에 큰 용기가 필요했습니다. 이 두 분을 만난 것은 저에게 큰 행운이었습니다. 뮤지컬이란 공통 관심사를 통해서 소중한 인연을 맺어주신 이 두 분께 진심으로 감사의 말씀 전하고 싶습니다. 또 새로운 일을 앞두고 소심해질 때마다 토닥여주며 큰 힘 되어준 나의 남편 김민구 님, 두서없는 원고에 애정 어린 조언을 아끼지 않고 전해준 김정선 작가님, 늘 용기를 잃지 않게 응원해 준 친구 송수연 님, 그 외에도 가족들의 이해와 사랑 덕분에 뮤지컬 이야기를 이렇게 이어나갈 수 있었습니다. 긴장되는 첫 출산을 며칠 앞두고 막바지 탈고 작업을 했던 시간들이 참으로 행복했습니다. 지금까지도 저의 영원한 첫사랑인 뮤지컬 「사운드 오브 뮤직」으로 느꼈던 그 오묘한 맛이 『뮤지컬 인문학』을 통해 많은 분들께 전해지길 희망해 봅니다. 마지막으로 25년 전 늘 옆에서 정성스럽게 보듬어 주시던 엄마와의 이별을 극복하기 위해 시작했던 뮤지컬이 그 어떤 이에게도 삶의 힘든 시간을 이겨낼 수 있는 선물 같은 존재로 다가오길 희망해 봅니다.

2023년 여름
한정아

뮤지컬 인문학

1판 1쇄 발행 2023년 7월 1일

지은이 송진완 · 한정아

표지 삽화 김보배
펴낸이 조영남
펴낸곳 알렙

출판등록 2009년 11월 19일 제313-2010-132호
주소 경기도 고양시 일산서구 중앙로 1455 대우시티프라자 715호
전자우편 alephbook@naver.com
전화 031-913-2018 **팩스** 02-913-2019

ISBN 979-11-89333-62-1 03670

* 책값은 뒤표지에 있습니다. 잘못된 책은 바꾸어 드립니다.